DERNIÈRES FEUILLES

DU MÊME AUTEUR

Aux Éditions Grasset

LA MAISON DES CHAMPS.
L'ALBUM DE FAMILLE.

Aux Éditions Albin Michel

LE TEMPS DES INNOCENTS.
LA NOTAIRESSE.
LA DEMOISELLE DE GRANDE VERTU.
CAR DÉJÀ LE JOUR BAISSE.

Aux Éditions Balland

LA DÉPÊCHE.

Aux Éditions Calmann-Lévy

LES PATAPHARIS.
LES DEMOISELLES SOUS LES ÉBÉNIERS.
L'ÉTÉ JAUNE.
LA VILLE SUR LA MER.
MÉCHAMMENT LES OISEAUX (Prix Cazes 1972).
LA TERRASSE DES BERNARDINI (Prix Renaudot 1973).
MIROIRS D'EDMÉE.
LES FEMMES DE LA PLUIE.
LES DIMANCHES.
LE VOYAGE AUX SEYCHELLES.
LES AMIES DE CŒUR.
LE PRÉ AUX NARCISSES.
LE DIT DE MARGUERITE.
LA PETITE TONKINOISE.

Au Mercure de France

LA PETITE BOUTIQUE.
LE RAPIDE PARIS-VINTIMILLE.
LE CYGNE DE FANNY.
LES AMIS DE MONSIEUR PAUL.

Aux Éditions BSB

JEANNE, L'HIVER.

Aux Éditions Bordas

CAROLINE ET LES GRANDES PERSONNES.

Aux Éditions Casterman

ERIKA ET LE PRINCE GROGNON.

Aux Éditions Ramsay

MAURIAC ET LA JEUNE FILLE.

SUZANNE PROU

DERNIÈRES FEUILLES

BERNARD GRASSET
PARIS

Suzanne Prou, ma sœur, est morte comme aucun de ses héros ne meurt. Sans drame. Sans violence. Avec la netteté de style qui caractérisait son écriture. Elle s'est endormie après une journée ordinaire. Au matin nous découvrions que la mort l'avait saisie dans son sommeil. Elle avait commencé d'écrire son prochain livre et c'est sur ces premières pages devenues les dernières que se clôt son œuvre et que s'ouvre ce livre.

Une mort simple comme la vie telle qu'elle la décrit dans les pages autobiographiques qui suivent. Deux récits, d'abord. Aucun détail n'y est inventé. Oui, c'est bien ainsi que se sont passés les Noëls de notre enfance. Oui, c'était bien cela nos parties de pêche matinales. Tout est conforme. Tout est vrai. Et pourtant tout est neuf, recréé par la magie de l'écriture.

Et puis, l'autobiographie proprement dite. Elle s'étonnait qu'on eût le désir de lui demander de parler d'elle-même ainsi que sut l'inciter à le faire M. Chavardès, un écrivain de ses amis. Son histoire ne lui paraissait pas présenter plus d'intérêt que celle de quiconque. Elle s'était déroulée comme beaucoup *d'autres, traversée de joies, de peines, de séparations ; marquée par des convictions, des engagements et plus tard par des deuils et des douleurs que n'évoque pas encore le récit interrompu il y a plus de dix ans. La seule originalité qu'elle se reconnaissait était sa passion précoce et tenace pour l'écriture, son désir extrême, sa nécessité intime de mettre en mots ses sensations et ses rêveries, et ce depuis l'enfance. Cela, c'était son évidence et son exigence, qui transparaissent et s'expriment dans la précision et la limpidité d'un style ciselé. Style ciselé qui est aussi la marque de son regard sur les choses, les gens, et sur elle-même.*

*L'autobiographie se limite à dire des faits non travestis. Suzanne Prou raconte dans sa langue claire ce qui fut à la source de ses romans. Elle établit les liens, les signale au passage. Les romans dont elle ne parle pas, ceux qui ont suivi cet écrit, apparaissent comme la transposition et la sublimation de sa traversée d'alors. L'expérience du deuil des proches, leur maladie, la clarté d'une foi dans la nuit qui vient, la mort et son cortège de pertes se disent dans une écriture précise et poétique ; elles tracent le chemin, mais font œuvre en s'en détachant. L'*Album de famille, *le dernier roman achevé et publié, apparaît comme quintessence de sa démarche, mettant en lumière dans leur pureté les sous-jacences de son art du roman. Il en est comme la démonstration. Pour Suzanne Prou, au temps d'aujourd'hui se mêlent sans cesse les réminiscences d'un passé : le sien mais aussi celui de ses parents et de ses grands-parents, parvenu jusqu'à elle* par les récits entendus, recueillis, et qui au cours d'une alchimie intime deviennent ce que nous savons.

J'aime à reconnaître au long de ses livres les vieilles potiches ou tel coin de notre jardin, le visage d'une amie disparue, la vieille femme que nous avons connue mais qui fut jeune un jour et dont notre mère racontait les frasques, une petite cousine dont la vie fut si différente de celle que le roman lui prête. J'aime retrouver les robes anciennes, les odeurs et les couleurs de notre enfance – de l'enfance et de la jeunesse –, celles aussi de l'âge mûr et du temps d'aujourd'hui. Car c'est bien là l'art poétique de Suzanne Prou. Trouver les mots qui peignent, éveillent, suscitent, ou restituent une atmosphère, un monde où elle écarte pour nous les tentures, ouvre les volets afin que nous y pénétrions avec elle. L'autobiographie en dit la jeunesse et annonce la transfiguration qu'elle propose.

Le personnage et le décor sitôt tracés échappent à leur gangue de réalité pour devenir à la fois les mêmes et tout autres, livrer une vérité nouvelle, celle de l'auteur dont ils nous offrent une facette retravaillée.

Quant aux deux textes qui clôturent l'ouvrage, ils sont comme un de ces sourires fugaces de Suzanne Prou, un clin d'œil malicieux au lecteur, une taquinerie qu'elle nous décoche en même temps qu'elle se l'adresse elle-même : nous venons de l'écouter nous parler de sa vie, alors même qu'elle l'affirme, le moi est haïssable, et les visages sont insaisissables !

Suzanne Prou aimait à dire que la Provence n'est pas tendre et qu'elle ne l'était pas non plus ; que la lumière méditerranéenne est dure et crue à la manière de la tragédie grecque.

Son angoisse du temps qui passe et qui détruit était-elle si profonde, sa passion de la vie si intense, que la mort dans son œuvre ne pouvait être que dramatiquement assenée? La mort lui paraissait-elle une telle violence faite à l'homme qu'elle ne put décrire que des morts violentes, des meurtres — jusqu'à ce qu'elle commençât d'en entrevoir un autre visage, et finalement l'aborder elle-même dans sa nudité simple?

Nicole FABRE.

ROMAN INTERROMPU

La jeune fille du troisième étage se parfumait à la violette. Quand on prenait l'ascenseur après qu'elle l'eut quitté on plongeait dans un nuage odorant, à la fois délicieux et suffocant, dont on emportait avec soi les effluves. Il m'est arrivé de marcher derrière elle dans la rue, de humer son sillage dont les émanations ne parvenaient pas à se dissoudre dans l'air printanier.

Je ne sais pas où elle allait ; chez son professeur de chant peut-être ? Car elle chantait. Du fond du placard de ma chambre qui jouxtait, je crois, son cabinet de toilette, je l'entendais chaque matin faire des vocalises. Curieuse, indiscrète, je laissais la porte ouverte, et je l'imaginais devant son miroir, ouvrant la bouche en O, en A, et lançant des sons qui n'étaient à tout prendre pas désagréables, quoiqu'un peu lassants. Elle avait dix-huit ans, vingt ans... Elle était brune, un peu trop ronde ; elle portait des vêtements amples et de longues écharpes de soie aux couleurs vives qui flottaient derrière elle. Elle tournait vers la droite, je la perdais de vue. Je l'imaginais poussant la porte d'un immeuble, gravissant un escalier au tapis fané, pénétrant dans un appartement vieillot dont le salon était occupé presque entièrement par un piano demi-queue qui luisait, seul luxe de sa propriétaire.

Alors ma jeune voisine ôtait écharpe et manteau, elle s'installait droite à côté du piano, et elle se mettait à pousser ses vocalises tandis que son professeur promenait sur les touches des doigts dont la couleur ivoire n'avait rien à leur envier.

C'étaient mes rêves du matin, quand je m'en allais faire mes cours à l'école de la rue de La Ville-l'Évêque.

Nous habitions alors ce qu'on appelle « les beaux quartiers ». L'église Saint-Augustin jetait l'ombre de ses coupoles prétentieuses sur les boulevards plantés de platanes, sur les rues bordées d'immeubles du style des constructions du baron Haussmann ornées de sculptures de pierre et de balcons de fer forgé. La porte d'entrée de notre maison étalait ses volutes sombres, ouvrait sur un vestibule garni de grands miroirs dans lesquels se reflétaient des plantes vertes jaillies d'une jardinière de marbre. Le tapis de l'escalier, quoiqu'un peu usé, tenait en place grâce à des tringles de laiton rutilantes. L'ascenseur hydraulique, étroit, était prisonnier de grilles dorées.

C'était un immeuble fait pour des bourgeois, des

bourgeois maigres disait la concierge qui n'avait pas sa langue dans sa poche, et fondait peut-être son jugement sur la modicité des étrennes qu'elle recevait au jour de l'an.

Elle portait un nom stendhalien, elle s'appelait Clémence Dutertre. Grande et mince, elle avait un mari un peu rustique et deux filles qui faisaient des études. Je l'aimais bien, quoique sa loge sentît le chat : elle en possédait plusieurs, ce que les locataires lui reprochaient âprement. Je crois qu'elle souffrait de se voir traiter en inférieure par des gens qui sans doute ne la valaient pas.

Elle venait chaque matin faire un peu de ménage chez moi. Tout en promenant un plumeau indolent sur mes meubles, elle me racontait les histoires de mes voisins, que sans elle je n'eusse pas même soupçonnées ; elle les apprenait de-ci, de-là, en observant, en écoutant ; elle était curieuse, à peine malveillante. Ainsi, par elle, je savais que le père de ma jeune fille à la violette avait été préfet durant l'occupation allemande, qu'il avait été condamné à mort, puis gracié et frappé d'indignité à vie. C'était un homme gras et rouge que je croisais parfois. Clémence Dutertre me racontait qu'il avait rendez-vous chaque soir avec d'anciens collègues, pour pleurer le beau temps perdu sans doute, et qu'il rentrait ivre sur le coup de minuit. Alors il menait grand tapage, tombait souvent. Son épouse venait le chercher pour le coucher ; elle le prenait à bras-le-corps et le traînait à l'intérieur de l'appartement. L'épouse, elle, était une femme très volumineuse, toujours enveloppée de lainages et drapée dans de vastes châles, coiffée d'un large chapeau noir. D'après la concierge, qui la plaignait beaucoup, elle s'adonnait aux bonnes œuvres et fréquentait l'église Saint-Augustin où elle trouvait peut-être une consolation à ses malheurs.

Je me demandais comment ma jeune fille supportait cette étrange famille. D'après Clémence elle avait une seule préoccupation : ne jamais ressembler à sa mère. Elle suivait des régimes et prenait des drogues amaigrissantes. Elle voulait devenir chanteuse d'opéra.

Quel était le prénom de ma jeune fille ? Je ne m'en souviens pas. Il est vrai que j'évoque un temps lointain, et que ma mémoire n'a pas tout retenu. Je la baptiserai Régine, sans être aucunement sûre qu'elle ait porté ce royal prénom. Je trouve qu'il lui allait bien. Elle devait mener sa vie, insoucieuse de sa mère obèse et bonne, de son père dévoyé. Elle voulait chanter, elle chanterait. Pour elle le reste n'avait pas d'importance.

Je l'imagine dans l'appartement riche et délabré qu'elle habitait, debout devant la cheminée de marbre du salon, les coudes appuyés sur la surface blanche et lisse, regardant dans le miroir entouré de rinceaux son image derrière laquelle elle voyait en rêve un grand rideau s'ouvrir, dévoilant des décors de pourpre et d'or, tandis que pleuvaient des bouquets lancés de la salle par ses admirateurs.

Elle saluait, elle inclinait sa silhouette vêtue de brocart. L'orchestre rutilait à ses pieds de tous ses cuivres. Elle était la plus belle, la plus aimée, la plus talentueuse. Elle ne voyait ni son père traînant ses charentaises, ni sa mère dissimulée sous sa grande cape noire. Elle était reine.

Clémence Dutertre et ses filles s'amusaient à donner des prix d'élégance aux femmes de la maison. Je n'étais pas trop mal placée, mais je soupçonne que Clémence trichait pour me faire plaisir : ma garde-robe n'était pas superbe, et je disposais de peu d'argent pour l'améliorer. Mais celle qui remportait le premier prix, décerné par les habitantes de la loge, c'était la locataire du quatrième.

Je la voyais souvent, une femme brune et longue, coiffée d'un chignon noir ; elle portait des tailleurs stricts couleur de feuille morte, à jaquette longue et cintrée qui mettait en valeur sa taille étroite, ses hanches harmonieuses.

Elle poussait une petite voiture dans laquelle s'affalait un enfant.

C'était un petit garçon qui devait avoir deux ou trois ans. Il était blond, toujours vêtu de blanc. Sa tête trop grosse s'inclinait sur son épaule, sa bouche ouverte laissait échapper un filet de bave que la mère essuyait souvent avec son mouchoir brodé.

La mère le promenait sans gêne apparente, même elle paraissait fière de l'exhiber, et ne tenait aucun compte des regards apitoyés qui se posaient sur l'enfant.

Je ne sais de quoi il souffrait, Clémence ne le savait pas non plus. Nous n'osions pas nous demander comment il serait plus tard, s'il grandirait ou s'il mourrait.

Je garde le souvenir de cette femme élégante, fardée, veillant sur son fils mal fait et l'entourant de soins.

Elle ne parlait guère, elle répondait aux saluts et elle s'en allait droite, belle, derrière la petite voiture ornée de dentelles.

Elle avait un mari, un homme d'affaires je suppose, sans bien savoir ce que cela veut dire. Il en portait les attributs : costume trois pièces, feutre, souliers vernis, et il balançait au bout de son bras un attaché-case de cuir. Clémence prétendait que mari et femme ne s'entendaient guère, et que leur principal sujet de discorde était l'enfant. Lui voulait le placer dans une maison spécialisée, elle tenait farouchement à le garder près d'elle. Elle s'en occupait exclusivement, refusait même de le confier à sa bonne, une Bretonne un peu naïve qui n'aimait pas ses patrons, demeurait avec eux faute de savoir où aller, et venait le soir s'épancher dans le cœur de Clémence, avant de gravir les six étages qui menaient aux chambres de bonne, aussi misérables que le reste des appartements étaient riches, qui ne disposaient ni de l'eau courante, ni de toilettes, lesquelles étaient installées sur le palier.

Elle voisinait avec quelques autres domestiques, dont un nègre blanc qui servait de valet de chambre à un vieux ménage hargneux, un homme abondamment barbu paré de multiples décorations, une femme petite, racornie, habillée de noir, qui promenait toujours son cornet acoustique en forme de corne d'abondance.

Il y avait sans doute d'autres locataires dans l'immeuble ; je ne m'en souviens pas. Je revois à peine ceux que Clémence appelait la famille des rats : une mère et un père bruns, petits, vêtus de sombre, et leurs quatre filles qui leur ressemblaient. Nous habitions dans cette maison par la grâce d'un oncle, qui avait usé de son influence pour nous loger là, à une époque où trouver un appartement s'avérait difficile. Je n'aimais ni notre logis aux murs et aux plafonds ornés de moulures, enrichi de cheminées de marbre monumentales, de portes à petits carreaux biseautés, ni le quartier cossu. En revanche, ma fille s'y trouvait bien ; plus tard, quand nous l'avons quitté, elle n'a pu se consoler de l'avoir perdu.

Quelque chose pourtant me touchait dans l'obligation que j'avais, faute d'alternative, de demeurer dans une de ces rues bordées de prétentieuses maisons : la rue de Courcelles n'était pas loin, où Proust avait vécu. C'était entre ses murs qu'il avait élaboré son œuvre. Je l'imaginais enfermé dans sa chambre aux odeurs de tisanes et de fumigations, cerné par des cloisons doublées de liège, écrivant sans fin, le jour, mais surtout la nuit. Je croyais voir briller sa lampe, entendre le crissement de sa plume sur le papier. Je ne savais pas où se situait l'appartement qu'il avait habité. Toutes les façades m'évoquaient *La Recherche* et si, une fois la nuit tombée, je croisais une voiture sombre... glissant sur les pavés, bien qu'elle ne fût pas tirée par des chevaux, je pouvais me raconter que c'était celle de Marcel se faisant transporter, emmitouflé, vêtu de noir, son écharpe de soie blanche drapée autour de son cou, vers la demeure de quelque duchesse.

J'allais promener ma fille dans les jardins qui bordent les Champs-Élysées, là où le narrateur avait joué avec Gilberte enfant. Je regardais chaque buisson et chaque fleur pour m'en souvenir et pour, moi aussi, plus tard, retrouver mon temps perdu. Le petit édicule peint en vert, appelé pudiquement chalet de nécessité, était-ce bien celui où la grand-mère du narrateur avait éprouvé son premier malaise ? L'avait-on déplacé, repeint ? Dans les allées courait Gilberte, avec sa toque de fourrure carrée, ses cheveux blonds, son visage aigu parsemé de taches roses. Peut-être aurais-je voulu que ma fille lui ressemblât ? Elle ne lui ressemblait pas, elle était grande, belle, avec ses joues rondes, sa chevelure noire et bouclée. C'était elle, son image vivante et gaie qui deviendrait pour moi celle du temps perdu. Je ne le savais pas. Sait-on jamais ce qu'on doit retenir du moment présent, si court, qui glisse inéluctablement vers le passé ?

J'allais aussi au parc Monceau. Des nurses impeccablement vêtues et hautaines y poussaient des landaus où s'agitaient des bébés enfouis sous des dentelles. Il y avait aussi des bambins plus âgés auxquels on permettait de s'ébattre dans le sable. Ils ne jouaient jamais entre eux ; chacun devait être si précieux qu'il n'avait pas le droit de se mêler aux autres. On les élevait ainsi sans doute, et ils se soumettaient à l'ordre établi, ne prêtant jamais leurs jouets, se contentant parfois de jeter un regard d'envie sur le seau ou la pelle d'un autre. Ils composaient l'embryon d'une future classe sociale sûre de ses privilèges et de sa supériorité.

Un jour, je rencontrai ma voisine, poussant l'éternelle voiture dans laquelle l'enfant blond penchait sa tête trop lourde et bavait.

Elle s'assit non loin de moi, me salua, ouvrit un livre. Je voyais bien que les nurses jetaient sur l'enfant des regards où la répulsion se mêlait à la curiosité. La femme ne les regardait pas. Elle ne s'interrompait de tourner les pages de son livre que pour essuyer la bouche de son fils.

Au bout d'un moment elle se leva, me fit un petit signe, et s'en fut, droite et belle, au-delà des grilles aux pointes dorées. Je me disais que j'aurais dû lui parler, mais je n'avais pas osé. Je n'oserais jamais déranger le couple étrange qu'elle formait avec son enfant.

La jeune fille à la violette s'y risqua sans doute ; Clémence me dit qu'elles se rencontraient de temps à autre, qu'elles semblaient sympathiser. Je les vis une fois ; la jeune fille tenait la femme par le coude ; plus qu'e e e el e e e levait son visage elle , l'air animé

UNE MATINÉE DE PÊCHE
SUR LA CÔTE VAROISE

Nous nous lèverons avant l'aube. Nous descendrons en étouffant nos pas sur les marches du vieil escalier qui craque. Nous boirons une tasse de café dans la cuisine. Puis, vêtus d'épais chandails – les petits matins sont frais, même au mois d'août –, nous ouvrirons la porte de la maison sur la rue vide, endormie dans une ombre couleur de légère fumée. Les micocouliers de la place dresseront leurs sombres masses nimbées d'une zone ajourée, là où le feuillage enfin s'allège et laisse voir le ciel entre le lacis des dernières ramures, dentelle noire sur transparent gris.

En haut de l'escalier de pierre, par-delà le café aux volets clos, nous apercevrons, rectangle clair, la porte ouverte de la boulangerie, cependant que le ronronnement du four nous parviendra, réconfortant, signe d'une présence vivante dans le village immobile.

Autrefois, pendant les vacances, quand je couchais dans la chambre du devant, les bruits qui venaient de la boulangerie me rassuraient durant mes insomnies : je n'étais pas seule, quelqu'un veillait ; détendue, je trouvais enfin le sommeil.

Mais en ce temps-là la gloriette et le four étaient situés dans la ruelle au-dessous de la place ; quand le boulanger sortait les pains du four, énorme bouche rougeoyante embrasée de tisons ardents, il devait les porter sur l'épaule, entassés sur un long plateau, par-delà le porche, vers la boulangerie blanche et dorée. Le four, aujourd'hui, est dans l'arrière-boutique, et le travail des hommes a été relayé par celui des moteurs. Le pain n'a plus tout à fait le même goût, mais il a gardé son odeur : chaude, moite, moelleuse et blanche, pareille à l'odeur des chambres où on a fait l'amour.

Nous entrerons dans le magasin. Nous saluerons le mitron blanc de sommeil et de farine, nous prendrons sur les étagères une ou deux miches, une fougasse qui rejoindront dans notre sac le saucisson, la copa, le jambon cru, les raisins, les pêches et le litre de vin rosé.

Nous aurons mis déjà dans la voiture les cannes à pêche démontées, le panier avec les couteaux, les chiffons, et les esches maintenues au frais par des algues mouillées, enveloppées dans du papier journal. Nous serons prêts. Nous monterons dans la voiture, et nous nous laisserons aller, freins lâchés, jusqu'au bas du village, sans bruit, pour éviter de réveiller les gens avec des ronflements de moteur.

Arrivés à la grand-route, ruban bleu-noir dans la

nuit, nous nous élancerons enfin, et nous filerons, seuls entre les campagnes plantées de vignes et d'oliviers, enfermés dans notre boîte oblongue et sombre aux flancs luisants, pareille à une barque dérivant au sein d'un univers crépusculaire, à un grand poisson glissant entre deux eaux couleur de brume. Et les collines au loin, bleuâtres ou noires, arrondiront leurs dos de cétacés contre le ciel, le vieux château en ruine, fortification dressée jadis contre quelque envahisseur sarrasin, ressemblera au donjon de la Belle au bois dormant tel qu'il figurait dans le théâtre d'ombres chinoises de mon enfance.

Nous découvrirons la mer étale, lisse comme un plateau d'étain ; nous la longerons longtemps, séparés d'elle tantôt par une étroite bande de sable, tantôt par des terrains de camping endormis sous les tamaris, tantôt encore par des villas basses, taches blanches entourées de noirs buissons de lauriers.

Nous aborderons Saint-Tropez. La place de Lices, vide de joueurs de boules et d'éventaires de marchands forains, semblera supporter le ciel de ses platanes immobiles, telles des colonnes baroques aux fûts verruqueux, aux chapiteaux démesurés. Et nous couperons par la petite route méandreuse qui va entre les vignes et les roseaux, entre les pinèdes, qui frôle la baie marécageuse des Caroubiers, et se termine enfin par une terrasse, face à la mer.

Dernières feuilles

Alors l'aventure commencera vraiment.

Nous aurons garé la voiture contre une haie de roseaux. Nous aurons extrait de la malle notre matériel hétéroclite. Et l'un se chargera des cannes, l'autre du panier, le troisième du sac, le quatrième des serviettes de bain... Chaussés d'espadrilles, nous marcherons silencieusement. Nous contournerons une villa. Nous atteindrons les chemins des contrebandiers.

Nous avancerons l'un derrière l'autre, montant et descendant selon les reliefs du sentier, toujours suivant la côte, nous en rapprochant ou nous en éloignant, la perdant de vue parfois même, la retrouvant toujours. Notre route frayée difficilement parmi les buissons et les herbes ne sera qu'une tranchée raboteuse, éboulée ici, encombrée là de roches, ou barrée par les racines des grands pins accrochés au flanc de la colline. Nous ne parlerons pas ; attentifs aux accidents du sol, nous irons tête baissée, et nous respirerons jusqu'à l'ivresse l'odeur poivrée du maquis mêlée au parfum iodé de la mer.

Les couleurs se feront plus fraîches : comme un tableau ancien terni par la poussière des années et qu'on nettoie de sa suie peu à peu, le paysage s'éclaircira, laissant paraître des teintes avivées, à mesure que l'ombre deviendra plus légère. L'aube nous baignera dans une lumière de lait. Et le soleil naîtra : lueur incarnate d'abord, au-delà de l'île des Poulpes, puis affleurement de clarté rouge contre la ligne d'horizon, disque rutilant enfin, lentement dégagé, montant comme un ballon énorme, cramoisi, et traçant sur le satin gris et lourd de la mer un chemin frissonnant de roses.

Avec le lever du soleil, la brise commencera d'agiter les arbres et les plantes, de sillonner la mer aux crêpelures de taffetas bleu.

Nous nous laisserons glisser, accrochés à quelque touffe de genêt, à la branche d'un chêne rabougri, jusqu'à notre crique préférée, celle dans laquelle de grands blocs entassés figurent une architecture étrange, quelque chose comme une ville effondrée, ocre et blanche, aux gratte-ciel renversés, obliques sur leur base, ou bien couchés de tout leur long, laissant la vague battre leurs murs déchus, tisser contre eux un feston d'algues brunes, verdâtres, une guirlande d'anémones rouge sombre et de coquilles mauves.

Il fera clair, la mer sera d'un indigo violent, empanachée d'écume blanche ; elle battra, battra sans relâche les rochers lisses ou déchiquetés ; et nous serons seuls, face à elle, face à l'horizon pâle et infini.

Nous monterons nos lignes ; nous choisirons pour garnir les hameçons, parmi le grouillement des esches, l'appât le plus alléchant ; un tronçon de ver que nous sectionnerons avec l'ongle du pouce. Nous nous avancerons sur de minuscules promontoires, ou bien nous nous posterons debout, noyés jusqu'à la ceinture parfois ; nous surveillerons notre fil, mais plus encore peut-être les fonds marins peuplés d'algues balancées, de mollusques, de crevettes furtives et transparentes comme des ombres ténues, de girelles rayées de rouge, de bleu et de brun, de sars argentés, d'oursins violets aux piquants mobiles. L'eau sera claire, elle nous découvrira des grottes ombreuses tapissées de velours vert, des gouffres tout bleus, des fonds de sable blanc strié par le va-et-vient incessant des bêtes de la mer.

La pêche sera bonne, peut-être ; ou bien, après des heures de patiente quête, nous n'aurons à rapporter pour faire notre soupe que quelques dizaines de girelles. Qu'importe ? Ce que nous serons venus chercher, ce n'est pas cette pincée de poissons que nous aurions pu acheter aux halles ; nous serons venus respirer, goûter l'essence de notre côte varoise, à l'endroit où elle est la plus pure ; nous serons venus aspirer à longs traits le lait tendre et brûlant de notre terre nourricière, au lieu où s'opère la jonction de la colline et de la mer.

C'est un lieu sauvage que les estivants amateurs de siestes sur le sable, de paresse et d'exhibitions anatomiques ne goûteraient point. La mer n'est guère « navigable » pour les play-boys nageurs de crawl ; les sirènes de pacotille y déchireraient aux roches pointues leurs jolis pieds ; les poulpes, les méduses effraieraient ces civilisés. C'est pourquoi nous y serons seuls. D'ailleurs, au petit matin, les fêtards dorment à Saint-Tropez, les familles

Fenouillard et Duraton reposent avant de prendre leur petit déjeuner complet dans leur pension de famille.

A peine, vers dix heures, un promeneur audacieux se profilera-t-il sur le chemin de crête, étonné d'apercevoir des êtres vivants dans ces solitudes : il nous prendra pour des sauvages peut-être, pour quelque tribu indigène, et il fuira vite comme s'il craignait d'être assailli par nos flèches empoisonnées.

Des barques de pêche passeront au loin, rentrant au port, suivies par le halètement discontinu de leur moteur, chapelet de bruits ronds à la surface de l'eau.

Nous mangerons le saucisson et le pain frais, nous disputerons les pêches et les raisins aux guêpes, nous boirons à longs traits, à même la bouteille, le vin clair de nos vignes.

Nous serons salés, hâlés, nous aurons les doigts poisseux, les cheveux emmêlés, le teint rubicond. Nous nous laisserons aller en arrière, le dos contre la pierre chaude ; nous allumerons une pipe, une cigarette ; nous rêverons, les yeux perdus, l'âme en paix, la joie au cœur.

Après le casse-croûte, et tandis que les plus acharnés se remettront en place pour pêcher encore, les plus paresseux se laisseront glisser dans l'eau. Il n'est pas question de plonger ici : les fonds rocheux dressent à la rencontre des imprudents leurs arêtes coupantes, les bassins délimités par les masses de pierre sont trop étroits. Nous ferons bien aussi de garder nos espadrilles : nous entaillerions nos pieds autrement, et nous risquerions de nous empaler sur quelque nid d'oursins dont les épines casseraient net et demeureraient longtemps piquées dans nos pieds meurtris.

Nous nous laisserons aller dans un trou à peine plus large qu'une baignoire. Nous coulerons jusqu'au fond. Nous nous trouverons enfouis dans une caverne renversée, dans un cirque au sol sableux ou tapissé d'une étrange végétation onduleuse et verte, chevelure vivante, animée par les courants ou l'écho du ressac d'un incessant mouvement. L'eau, suivant les places et la pénétration plus ou moins facile du soleil, est tiède ou fraîche. Elle glissera le long de notre corps des caresses savantes de doigts fluides, de bras tendres bleus et verts, elle nous enlacera, nous balancera, nous bercera, nous pénétrera d'une molle et lente volupté.

Nous prendrons pied sur le sommet de longues collines sableuses, ou sur des montagnes glissantes. Au-dessus de nous la mer se sera refermée, vitre épaisse, plafond translucide, glauque et doré. A travers nos lunettes ou notre masque de plongée, nous regarderons vivre et respirer les plantes aquatiques et les animaux étranges qui ressemblent à des fleurs. Les fucus aux branches soutenues par des capsules d'air étalent leurs touffes vert bronze, les ulves y déplient leurs feuilles plates aux bords ruchés ; lames de satin vert cru et vernissé, les alaries oscillent autour d'un pied grêle ; il y a des laminaires gaufrées, des coralines beiges, pareilles à des plumes légères, des calophylles qui voilent la roche ou la brodent, mousselines mouvantes et plumetis ; une fourrure veloutée couleur d'émeraude double certains creux , les change en écrins pour nérites de nacre grise ; les anémones rouges dilatent et rétractent leur couronne de pétales ; des holothuries dérivent, noires, molles ou durcies ; des poissons polychromes jettent de brefs éclairs ; parfois une méduse, franges déployées et volants de mousseline, file sur un courant, ou bien se balance, gonflant et dégonflant sa calotte d'opaline rosemauve ; un poulpe effarouché lance un flot d'encre et fuit, insinue dans une faille étroite son corps et tous ses bras de caoutchouc...

D'un coup de talon, nous nous élancerons vers la surface ; nous nagerons un moment, face au large, ou bien nous nous tiendrons d'une main à un affleurement de roche, et nous nous laisserons ballotter par les vagues, éblouis, suffoqués par d'intermittentes explosions d'écume.

Nous remonterons sur la rive. Nous serons lourds soudain, nous tirerons le poids de notre corps, et celui de nos espadrilles imbibées, dégouttantes d'eau, vers une place brûlante de soleil. Et nous nous endormirons à demi, pareils à de grands poissons échoués. Notre regard vague ira se perdre dans des immensités jumelles, celle du ciel et celle de la haute mer.

Enfin nous rassemblerons notre matériel, nous démonterons les lignes, nous rangerons le contenu de nos paniers.

Les petits poissons éparpillés, nous les rassemblerons, nous fendrons leur ventre brûlant avec un canif, nous rejetterons à la mer leurs minuscules tripes nacrées ; puis nous les rincerons dans une flaque d'eau vive, les entourerons de fucus ; nous soupèserons le paquet : huit cents grammes ? Un kilo ? Nous nous réjouirons en pensant à la soupe du soir.

Il sera l'heure de repartir. Nous nous hisserons vers le chemin des contrebandiers, et nous baignerons tout à coup dans la touffeur, dans le parfum chaud, musqué, poivré, résineux, amer et sucré, âpre et doux de la colline. Le bruit de la mer deviendra lointain : musique de fond, presque couverte par les stridences des cigales lancées dans leur grand concert de midi.

Nous commencerons de penser, à mesure que nos pas lourds nous rapprocheront des lieux civilisés, au grand verre de pastis couleur d'opale et tout tintinnabulant de glaçons que nous aurons décidé d'aller boire, affalés à la terrasse d'un bar, et nous racontant sans fin les péripéties de notre longue matinée.

Le village, à notre retour, sera calme encore, mais non plus plongé dans la tranquillité d'avant l'aube : il sommeillera dans la canicule, assoupi pour sa sieste quotidienne. L'ombre des micocouliers et des platanes sera courte et ramassée sur la grand-place, où la fontaine s'ébouriffera de gouttes claires tout autour d'une tresse d'eau lisse coulant dans la vasque de pierre verdie. Les portes des boutiques seront closes derrière les rideaux de perles qu'un chat seul, par hasard, fera bouger et cliqueter. Les hortensias roses plantés dans des cornues de vendanges commenceront à se flétrir, tandis que les géraniums tenaces et rouge cuivré, insolemment, sentiront fort.

Sur les places, dans le milieu de la Grand-Rue, la chaleur sera étale, immobile et lourde comme une chape d'or, tandis que les ruelles garderont des replis d'ombre bleue, des encoignures fraîches, des seuils de pierre humide et glacée. On entendra peut-être bourdonner une abeille, ou pépier des oiseaux cachés sous les feuilles. On percevra, venus de très loin, du fond d'une maison aux murs épais, les pleurs d'un enfant, le rire d'une femme ; et ces pleurs, ce rire révéleront l'image d'une demeure : le corridor dallé de tommettes hexagonales d'un rouge usé, que ferme une porte massive ; l'escalier qui déploie ses marches bordées de bois ciré, inégales, protégées par la rampe aux barreaux de fer brun dont le premier se couronne d'une énorme pomme de verre ou de porcelaine ; les chambres, en haut, regorgent de lits garnis d'édredons rouges, de tables de toilette en tôle laquée, sous des plafonds blancs et bas ; au rez-de-chaussée, la salle est meublée d'un buffet, d'une table, de chaises dépourvus de style, enjolivés naïvement par des carrés de dentelle au crochet ; une large bibliothèque contient le gros Larousse en six volumes, et les œuvres complètes de Victor Hugo ; la cuisine sent l'ail, elle a des poutres sombres, une vaste cheminée qui ne sert plus guère ; elle ouvre sur une petite cour dont le puits est caché par une planche arrondie ; dans un fond de tonneau germe un semis de balsamines ; la lumière est adoucie par une treille poudrée de bleu, bourdonnante d'abeilles. C'est là qu'on dîne les soirs d'été, à la lumière d'une lampe baladeuse ; c'est là que l'enfant a pleuré peut-être : on l'a grondé parce qu'il voulait grimper sur la planche du puits. Ou bien c'est dans la chambre : il refusait de s'endormir. Et la femme, elle riait peut-être dans la cuisine, en ôtant le couvert ; ou bien au creux de la chambre elle riait en résistant à son mari qui voulait l'entraîner sur le lit...

Nous écarterons les persiennes pour rentrer chez nous. Nous envahirons toutes les pièces à la fois. Nous irons dans la cuisine.

Nous jetterons notre sac de poissons sur le potager. Et ma mère entrera dans le placard profond où se trouve la balance aux plateaux de cuivre ; minutieusement elle pèsera notre pêche, l'équilibrera avec les poids qu'elle prend dans une boîte de bois jaune. Suivant le résultat elle nous complimentera ou bien, sans pitié, elle se rira de nous.

Enfin nous irons nous asseoir dans la grande salle à manger où flottent et où se mêlent délicieusement l'odeur de l'ail, celle de l'oignon roussi, du basilic, de l'anis, du coing mûr ; et nous boirons dans de grands verres le pastis glacé couleur d'opale préparé suivant la recette du grand-père.

Après le déjeuner nous irons dormir un peu. Et de lents poissons d'or passeront dans nos rêves.

UN MATIN DE NOËL

Autrefois, c'est ici que nous passions toutes nos vacances. Celles de l'été sentaient les pinèdes chaudes, le sable mouillé, la mer; celles du printemps nous offraient les pâquerettes tendrement écloses dans l'herbe neuve que froissait et moirait la brise, les sous-bois de bruyères rose-mauve, les bottes de narcisses que nous allions cueillir dans la plaine inondée; les vacances de Noël apportaient l'odeur du feu de bois, les parties de Nain Jaune dans le petit salon où trônaient, de part et d'autre de la cheminée, la médaille militaire de grand-père et le certificat d'études primaires de bonne maman dans des cadres de bois noir — et la procession du coucher avec la distribution des bouillottes emmaillotées dans des bas de laine. C'étaient les plus belles de toutes, les vacances de Noël.

Elles étaient courtes, ce qui leur conférait un grand prix; puis, elles commençaient par deux merveilleuses journées. Le 24 décembre, à peine arrivés, nous nous lancions dans les préparatifs en vue du lendemain : on enveloppait, on cuisinait, on débouchait, on goûtait, on construisait la crèche avec de la mousse, des branches, du papier d'argent pour faire les rivières, des traînées de farine qui figuraient la neige. Le soir, dans l'église embaumée d'odeurs d'encens et de cierge fondu, on s'abandonnait à l'espérance en dodelinant de la tête, tandis que résonnaient sous la voûte romane les accents pompeux du *Minuit, chrétiens*. Le jour de la fête, somptueux, débutait par une avalanche de cadeaux enrubannés ; il se déployait en bombance autour de la nappe étincelante de blancheur, de cristaux, d'argenterie, et toute couverte de mets riches et savoureux : charcuteries, vol-au-vent, volailles, légumes rares, multitude de desserts au nombre desquels figuraient en bonne place les raisins et les pommes de la dernière cueillette – parfumés, un peu mous, conservés au grenier sur des claies de roseaux – et les fougasses à la confiture, odorantes, rondes, dorées sous leur résille de croisillons aux bords dentelés.

Et on débouchait des bouteilles, le mousseux débordait, on entrechoquait les coupes, on riait, on parlait, parlait, dans un parfum de sauces, de sucre, de vins, dans une ambiance de joie, d'amitié, tandis qu'à travers les vitrages de tulle des fenêtres entrait la blanche lumière de l'hiver.

Après la mort de bonne maman, nous n'avons plus eu le courage de venir passer les fêtes de Noël dans sa maison. Puis les temps ont changé, les années de guerre, les difficultés nées de l'Occupation nous ont retenus à la ville. Ensuite, les héritiers ont transformé la vieille demeure, dont ne subsistent plus guère de ce que nous avions connu que les murs.

Les jours passent et il est naturel que la vie continue ; nous nous sommes mariés, nous avons eu des enfants ; il a fallu davantage de chambres, une salle plus grande ; il a fallu sacrifier aux goûts de l'époque : le petit salon est devenu cuisine, la cuisine « living », comme on dit à présent. La vieille pendule, que nous appelions Chloé, est partie chez un oncle, le fauteuil d'osier que nous appelions Hector ouvre ses bras raides à une cousine : on s'est débarrassé de la vilaine grosse commode, de la statue naïve qui représentait une glaneuse d'épis, dépourvue de sens dans notre pays de vignobles. La maison n'est plus la maison ; et le souvenir de bonne maman s'en est échappé avec le parfum perdu des pommes blettes et des pâtes de coing.

Pourtant...

Pourtant, ce matin de Noël, levée avant les autres, et comme je me préparais à garnir les souliers que nous continuons à placer devant l'âtre, une sorte d'impulsion m'a conduite vers l'escalier raide qui monte au grenier.

Ce grenier, autrefois labyrinthe délicieux dans lequel je me perdais entre les caisses de livres, les malles bourrées de robes démodées, les meubles de rebut, les sacs de chiffons et les tapis troués, je ne le fréquente plus guère depuis qu'on y a mis de l'ordre et répandu de l'antimite.

J'ai poussé la porte ; elle a grincé comme jadis ; je suis entrée. Dès le seuil, j'ai été surprise : le vieux tapis qui recouvrait jadis le dallage du couloir et dont la bordure était semée de roses, le vieux tapis s'allongeait devant moi, poussiéreux certes, et fané, mais déroulé comme un chemin, comme une invite. J'ai posé mes pieds sur la laine usée et je me suis avancée entre deux rangs de fleurs.

Il faut dire que le grenier est divisé en deux parties, séparées par une cloison percée d'une porte ; le premier grenier, sombre, au sol vaguement plâtreux, n'est en somme que l'antichambre du second, plus vaste, plus clair et parqueté. Je me trouvais dans le premier grenier et je marchais dans la pénombre, étonnée seulement de trouver sur mon passage les bois des vieux lits alignés comme à la parade, les cannes à pêche proprement ficelées et formées en faisceaux. Et puis, il régnait là un parfum d'essence de violette étrangement fort, qui me rappelait... me rappelait... me rappelait l'odeur de la chambre de bonne maman.

Je me suis arrêtée ; la tête me tournait un peu ; je revoyais le flacon de porcelaine à col mince, surmonté d'un bouchon doré en forme de couronne, sur la panse duquel s'épanouissait un bouquet de violettes que j'avais oublié depuis longtemps, depuis qu'on l'avait ôté de la chambre. Avec son souvenir m'est revenu celui de la gondole de verre, un peu ébréchée, que mes grands-parents, disait-on, avaient rapportée de leur voyage de noces et puis celui des deux vases d'opaline remplis de sable où se tenaient piquées, raides, de vilaines et ravissantes vieilles fleurs de soie bleue. Et celui du petit Jésus de cire sous son globe, celui de la panoplie de brosses à montures d'argent, celui de la vasque vide-poches en albâtre rose cernée de blanches colombes...

J'ai revu aussi le lit à baldaquin et ses rideaux verdâtres à pompons jaunes, le grand fauteuil sous sa housse rayée. J'ai tout retrouvé, d'un coup, dans l'odeur des violettes.

J'ai recommencé de marcher ; j'allais dans une espèce de brume et tout, autour de moi, paraissait trembler parce que j'avais les yeux remplis de larmes.

J'ai atteint la porte ; je l'ai ouverte, je suis entrée dans le second grenier.

Là, l'odeur persistait, mais plus fanée, plus douce. La lumière tombant de la tabatière formait un grand rayon clair qui descendait sur le fauteuil à la housse rayée, sur l'acajou du guéridon ; une tasse de porcelaine placée sur sa soucoupe contenait un liquide à peine doré, odorant : une infusion de til-leul ; la tasse tiède, la petite cuillère humide semblaient prouver qu'on venait juste de remuer le breuvage pour y faire fondre le sucre, qu'on s'était absenté, un instant, qu'on allait revenir.

Je ne bougeais plus ; ensorcelée, je regardais la statue de la glaneuse dans sa tunique aux plis de plâtre peint, et la reproduction de *L'Étang*, de Corot, découpée dans *L'Illustration* cinquante ans plus tôt et encadrée par mon grand-père. Je regardais les brisures de la lumière sur les rideaux du lit ; ils s'écartaient à demi, laissaient paraître le drap brodé bien tiré, l'édredon rouge.

Puis, j'ai vu ma petite chaise d'enfant et je m'y suis assise. Bonne maman n'était pas là, mais elle allait paraître je le savais. J'étais la petite fille sage un peu ensommeillée des matins d'autrefois, qui attendait que bonne maman vînt démêler ses longs cheveux parce qu'elle avait la main légère, la plus douce des mains. Et j'entendais chanter les oiseaux dans les arbres de la place, derrière les persiennes closes, et je frottais mes yeux mal ouverts, encore endormie et déjà prête à me lancer vers les joies multiples de la journée offerte, coquillage fermé qui gardait encloses des richesses, fruit mûr et savoureux dans lequel j'allais mordre. J'attendais qu'on me fît mes nattes pour aller me plonger dans les calmes délices d'une journée de vacances chez ma bonne maman. Le rayon tombé de l'imposte poudroyait toujours, des myriades de grains luisants y dansaient un ballet de lumière. Je me demandais pourquoi bonne maman ne venait pas, et je tâchais de humer, à travers le parfum tendre de la violette, celui, plus trivial, du chocolat qui devait cuire en bas dans la cuisine.

Un matin de Noël

Bonne maman entrerait : petite, menue, maigre, en peignoir mauve, elle glisserait sans bruit sur ses pantoufles, elle se pencherait vers moi ; et je verrais de tout près son visage couleur d'ivoire, ses joues lisses, son nez un peu long, ses yeux clairs, son front large entre les bandeaux de cheveux gris.

Avais-je jamais pu oublier ce visage un peu sévère qui ne s'adoucissait que pour moi, sa préférée, sa première petite-fille ? Elle m'aimait ; elle allait venir.

Le temps avait cessé d'exister ; j'étais en même temps la femme d'aujourd'hui et l'enfant d'autrefois. Tout le passé m'était rendu, cependant que le présent gardait sa réalité, que l'avenir prenait forme : n'étais-je pas aussi la grand-mère d'une petite-fille, de petits-enfants à naître ?

L'odeur de violettes se dissipait peu à peu, le rayon pâlissait, le lit à baldaquin, le guéridon, avec la tasse, la glaneuse, le grand fauteuil s'effaçaient. Mais j'étais heureuse : j'avais découvert, en ce matin de Noël, le sens de l'éternité, la preuve que l'amour demeure. Je suis descendue remplir les souliers des enfants.

AUTOBIOGRAPHIE

Qu'ont à faire les gens de mon histoire, qui n'est pas plus intéressante que la leur, qui l'est moins peut-être? Si ce n'était Maurice Chavardès et ses questions insidieuses, jamais je n'aurais accepté de me raconter.

Voilà que c'est fait maintenant. Je ne veux pas me relire. Ces souvenirs de jadis et naguère et ces histoires d'aujourd'hui, un peu honteuse, je les donne à qui les veut, à qui m'aimera assez pour y prendre plaisir.

9 mars 1984.

Mon enfance est pareille à un pays très cher que je garde en moi, dans lequel je retourne. Je crois qu'il est impossible de se séparer de son enfance. Même si nous ne possédions pas autre chose, nous aurions toujours une richesse : nos souvenirs d'enfance. Nous pourrions en parler indéfiniment.

Quand j'écris, à l'occasion d'une description, de l'évocation d'un objet, d'une scène dont les personnages remontent de très loin, quelque chose se passe, je retrouve des couleurs, une odeur, un climat qui me replongent dans un passé jamais oublié.

Je suis née quelques années après la fin de la guerre de 1914, dans un village du Var, Grimaud. Mon père y était venu en vacances chez des amis ; ma mère enseignait à l'école du bourg voisin et revenait à Grimaud chaque samedi chez ses parents. J'imagine mon père, tout auréolé de sa gloire d'ancien combattant, la tempe barrée d'une cicatrice qui prouvait sa vaillance et ses souffrances de soldat, ses galons de lieutenant brillant sur les manches de son uniforme. Il n'eut sans doute pas de peine à séduire la jeune institutrice qui vivait encore dans le souvenir de la misérable et grandiose épopée des « poilus ».

Elle, elle était fine et jolie, les cheveux très noirs, les yeux sombres, la taille mince et le pied petit. Des photos de ce temps la montrent en robe de mousseline à berthe, chaussée de bottines à boutons, un grand chapeau sur la tête. Elle faisait « distingué », au grand plaisir de ma grand-mère qui était un peu « madame comme il faut », quoiqu'elle ne fût que boulangère, mais boulangère de bonne famille, et pourvue de quelques biens au soleil. Oui, mon grand-père pétrissait le pain du village, il en tirait fierté. Il y avait en ce temps une sorte de religion du pain : on ne jetait pas le pain, c'était un aliment sacré. Plus tard, on m'enseigna que qui gaspillait un morceau de pain devrait passer son purgatoire à le ramasser avec son petit doigt. Cette perspective me fit peur, et je m'astreignis des années durant à finir mes tartines. Quand je suis venue au monde, dans la maison où je passe encore mes vacances, mon père était en Afrique – il était officier d'infanterie coloniale – et ma mère avait renoncé à enseigner ; elle vivait chez ses parents, où nous attendions toutes deux le retour de celui que j'ai appelé un temps « mon papa d'Afrique ».

Quand il est revenu nous sommes tous les trois partis pour Grasse, où le jeune lieutenant était envoyé en garnison. J'avais deux ans. Mes plus anciens souvenirs datent de ce séjour. Je revois la grande villa que nous habitions, qui était entourée d'un jardin dont j'ai parlé dans *Le Cygne de Fanny*. Mon père et ma mère allaient parfois au bal. De ce qu'on a appelé la frénésie des années 20 je ne me rappelle rien – est-ce qu'elle a touché la province où nous vivions seulement ? – si ce n'est ma mère dansant le charleston, en robe blanche, perlée d'argent, ou mauve et vaporeuse, plus courte devant que derrière. Elle avait fait couper son chignon « parce que c'est la mode, commode... » comme on chantait alors. Ses longs colliers descendaient plus bas que la taille. Elle participait aussi à des batailles de fleurs, montée sur un char fait de mimosas, toute vêtue d'organdi jaune. Moi, de la rue, d'en bas, je l'admirais et je lui lançais des bouquets.

Mon père était jaloux d'un capitaine qui passait sous nos fenêtres monté sur un cheval bai. Il a toujours été jaloux de ma mère, et quoiqu'elle fût, je crois, sans reproche, il lui a fait des scènes de jalousie jusque dans son extrême vieillesse.

De ces années de Grasse, qui ont duré jusqu'à mes quatre ans, je garde un souvenir de jeunesse et de joie. La propriétaire de la villa avait deux filles qui m'aimaient bien. Au printemps, elles cueillaient sur la terrasse qui bordait le jardin les fleurs des orangers pour les vendre à la fabrique de parfums. Il suffit que j'en parle pour sentir l'odeur du crépuscule embaumé.

Dans ce jardin j'ai appris un certain nombre de choses, et d'abord que les filles et les garçons n'étaient pas tout à fait bâtis de la même manière, grâce à un petit compagnon de jeux et au vieux jardinier exhibitionniste du *Cygne de Fanny*. J'ai appris à m'amuser seule en me racontant des histoires dans lesquelles les fleurs avaient une personnalité et causaient entre elles, et les infimes bestioles devenaient des monstres ou des rois.

Quand nous avons quitté Grasse, nous avons fait un court séjour à Grimaud, avant de repartir pour ailleurs, pour plus loin. Grimaud, il faut que j'en reparle un peu longuement : c'est non seulement le lieu de ma naissance, mais l'endroit où demeurent mes racines, puisque j'y suis toujours revenue, que j'y retourne encore dès que je le peux.

C'est un village qui a l'air de descendre d'une colline : je l'ai écrit au commencement du *Pré aux narcisses*. Je l'ai appelé Suviane, et l'autre village, celui de la plaine, celui même où ma mère avait été institutrice, je l'ai nommé Rouvier. Parce qu'en Provence poussent deux sortes de chênes, le suve et le chêne blanc. J'ai mis d'abord Suviane dans *Jeanne, l'hiver*. J'ai continué dans *Le Pré aux narcisses*. Pourquoi pas ? Suviane est mon Chaminadour.

Suviane (ou Grimaud) est un très vieux village bâti sur une colline. En haut s'élève un château fort en ruine qui date je crois du XIe siècle. Les maisons s'étagent autour. Les plus vieilles sont presque sous les remparts ; elles sont étroites, avec des murs épais et des fenêtres bien plus hautes que larges. Elles donnent sur des ruelles sinueuses, parfois en escaliers. Elles sont devenues fleuries ces ruelles, on y a planté des bougainvilliers, des hortensias, des géraniums ; souvent une vigne vierge couvre un mur et descend en festons, ou bien un polygonum, une glycine offrent leurs grappes blanches ou mauves. Dans mon enfance le goût des Parisiens pour les ornements végétaux n'était pas encore venu jusqu'à Grimaud, les murs des maisons restaient ce qu'ils étaient, vieille pierre ocrée, coupée parfois d'une décoration de serpentine verte, dont on dit qu'elle a été arrachée à la chartreuse de la Verne, qui se trouve non loin de chez nous.

Les places s'étagent : Placette, Place de Cros, Place neuve, Place vieille... parfois une fontaine y coule ; il y a des platanes et des micocouliers. A mesure qu'on descend, les rues sont plus larges, les maisons plus neuves. Certaines sont grandes, entourées de jardins.

On entre dans l'église romane en descendant quelques marches. Elle est simple et belle, surtout depuis qu'un curé esthète l'a débarrassée de ses peintures et de ses ornements saint-sulpiciens. On la visite fréquemment pendant l'été. La mairie est située sur une esplanade. Un jardin public en espaliers en descend. De là, on voit tout le golfe de Saint-Tropez, la mer pointillée de voiles pendant le jour, et le soir les guirlandes de lumière des pontons.

L'ancienne école – il y en a une nouvelle depuis peu, je ne la connais pas – était située tout en bas du village : une école Troisième République ; avec un bâtiment pour les filles et un pour les garçons, et au milieu les appartements des instituteurs et des institutrices. Je l'ai bien connue ; j'y suis allée un peu avec ma mère, quand elle a repris pour quelques mois l'enseignement après ma naissance, mais surtout parce que la sœur de ma mère y a passé sa vie jusqu'à la retraite. Elle a fini comme directrice. Je suis allée souvent chez elle, j'ai beaucoup joué dans la cour, sous les grands platanes. Très jeune, donc, j'ai été familiarisée avec l'école. J'en aime l'odeur. Toutes les écoles ont une odeur, mais celle de l'école de Grimaud ne ressemblait à aucune autre : encre, papier, craie, poussière, vêtements de laine, à cause des vestes qui pendaient, accrochées à des patères, dans l'étroit couloir, bois des bureaux... Ma tante jouissait d'une petite cour personnelle où poussait un beau néflier. Il y est toujours ; ma tante, elle, n'est plus là.

Les hauteurs des Maures dominent le village. On distingue le côté tourné vers la mer de celui qui regarde la colline. On fait parfois « le tour du château », c'est-à-dire une promenade semi-circulaire sur un chemin que surplombe le château d'un côté, que cerne un ravin profond de l'autre, au fond duquel coule une rivière presque sèche en été. Au loin on voit moutonner les dos des collines jusqu'à l'horizon. C'est assez sauvage et très beau.

La maison de mes grands-parents est située au milieu du village au carrefour de deux rues importantes. C'était une bonne place pour une boulangerie. Notre actuelle salle à manger était autrefois le magasin. Mon grand-père a cessé d'exercer son métier quand j'étais très jeune ; j'ai de lui un souvenir assez vague, et je ne me rappelle pas la boulangerie.

J'ai donc vécu souvent durant ma petite enfance dans cette maison devenue plus tard celle de ma mère. Elle a subi des transformations diverses au cours des années, mais elle reste « la maison ».

Quand nous y sommes nous profitons amplement de la vie du village, grâce aux allées et venues des habitants, aux passages des voitures, à l'animation du café situé juste en face de chez nous. Nous en profitons trop. Et notre minuscule terrasse ne ressemble pas à « la terrasse » des Bernardini, c'est presque un bout de trottoir, ombragé par une tonnelle.

Nous n'avons pas de jardin. Celui que possédait mon grand-père autrefois n'existe plus : mon oncle a fait construire une villa à la place. Il était loin de la maison, il fallait traverser le bourg pour y aller. On y lavait le linge dans deux grands lavoirs à côté desquels subsistait encore la trace du « chaudron », où les femmes d'autrefois avaient fait leur lessive dans une grande cuve chauffant sur un trépied. J'aimais bien l'odeur du lavoir, et celle du gros figuier qui l'ombrageait, aux feuilles rêches, fraîches, et qui donnait des figues-fleurs. Il y avait encore le poulailler, les clapiers, et derrière un grillage le jardin potager, agrémenté de quelques touffes de fleurs : une anthémis, un grenadier, un parterre de violettes.

J'ai joué tout un été avec ma cousine dans les cages à lapins. Elles étaient assez grandes pour que nous y entrions, et nous nous accroupissions dans ce que nous appelions nos villas. Bien sûr les lapins étaient absents, à cette époque ma grand-mère n'en élevait plus. De villa à villa nous nous faisions des confidences, ou bien nous nous amusions avec nos meubles de poupée, nous inventions des histoires, nous mangions des biscuits dans des assiettes minuscules et nous buvions de l'eau en nous racontant que c'était du thé.

Après la mort de ma grand-mère, quand le jardin est devenu la propriété de mon oncle, j'ai été un peu triste. Mais la maison nous restait, et c'était encore elle que j'aimais le mieux, que je connaissais de la cave au grenier rempli de richesses d'un autre temps : fleurs de plume, caracos, rubans, bottines et souliers à talons-bobines, vieilles statues de plâtre gagnées dans une loterie de foire, meubles cassés, livres...

Ma mère a transformé la maison, mon oncle a fait bâtir une villa à la place du jardin. Tout a changé ; j'ai changé aussi ; mais dans ma mémoire les lieux demeurent intacts et je continue de les posséder. Pour les faire revivre, parfois je les mets dans mes livres.

Mon père était originaire des Charentes, du pays des « cagouillards » comme il disait volontiers (la cagouille, c'est l'escargot qui rentre facilement dans sa coquille). Son caractère différait de celui de ma mère, et des Méridionaux en général ; il était plus sombre, plus renfermé.

Je n'ai vu que deux fois ma grand-mère paternelle, à l'occasion de courts voyages à Angoulême. Mon grand-père est mort quand j'avais sept ans, je ne me souviens pas de lui. Ma grand-mère m'a laissé l'image d'une dame digne habillée de sombre, maigre, avec un chignon pointu et un air dédaigneux. Elle n'aimait guère mon père, le cinquième et le dernier de ses enfants, qu'elle n'avait pas désiré sans doute ; elle l'avait mis en nourrice dès sa naissance ; il gardait d'elle de mauvais souvenirs. C'est pourquoi il s'était attaché à la mère de sa femme. Je n'ai reçu qu'un seul cadeau de ma grand-mère paternelle : une boîte ancienne en porcelaine blanche dont le couvercle est orné de roses peintes ; elle a été cassée lors d'un déménagement ; je l'ai recollée, elle est posée sur la cheminée de ma maison de campagne. Grâce à elle je pense parfois à ma grand-mère Marie.

Si l'on considère que l'œuvre d'un écrivain se nourrit de toutes les impressions reçues, de tous les êtres rencontrés, de tous les paysages vus, je crois pouvoir dire qu'en ce qui me concerne ma famille d'Angoulême a très peu compté. A peine si, au détour d'un récit, apparaît une grande femme sèche vêtue de noir qui ressemble à Félicité Cazenave, la « Genitrix » de Mauriac. Ma famille de Grimaud, au contraire, et Grimaud lui-même sont présents dans beaucoup de mes livres.

Mon père était de taille moyenne, il se tenait très droit, le menton levé, à cause de l'habitude qu'il avait prise de figurer dans des défilés militaires. Il avait une peau très blanche, mais la vie au grand air avait tanné son visage, entre le bord du képi et le col montant. Quand il revenait de faire des manœuvres et qu'il se dévêtait, on aurait cru qu'il portait un masque.

Il n'aimait guère voir des gens, il eût refusé toutes les invitations s'il l'avait pu, mais ma mère appréciait le monde, jouissait de briller en société ; devant le succès de son épouse il se montrait parfois ombrageux.

Ainsi que je l'ai dit, il se trouvait en Afrique quand je suis venue au monde, et durant les premières années de ma vie je l'ai peu vu, de sorte que je m'étais construit un père mythique que j'appelais « mon papa d'Afrique », à l'existence duquel j'ai continué de croire bien après son retour.

Je n'ai jamais eu l'envie de raconter ma vie dans mes livres. Je dirai même que ce que je fais en ce moment, ces souvenirs que j'égrène, cette manière de parler de moi, en fin de compte, me gêne : qu'ont à faire les gens de mon histoire, qui n'est pas plus intéressante que la leur, moins peut-être ? Mon interlocuteur me presse de questions, et mes réponses vont faire double emploi, mordre les unes sur les autres. Par exemple, je dois maintenant parler de l'épicerie de mes tantes, qui m'a influencée quand j'ai décidé d'écrire *La Petite Boutique*. C'est une manière encore de revenir à Grimaud.

Ma tante Louise et ma tante Isabelle tenaient ce magasin de village dans lequel se mêlaient des odeurs riches de produits multiples : morue, olives, café, fromage, épices, cuir, percale... Il y avait de grands sacs de lentilles, de pois cassés, de haricots dans lesquels je plongeais mon bras, et les grains roulaient, froids et lisses, contre ma peau. Il y avait un grand moulin à café fixé sur le comptoir, des tonneaux d'olives, des bocaux pleins de bonbons ; il y avait des souliers lourds destinés aux vignerons, et des gerbes de tabliers pour les ménagères, taillés dans ces tissus longtemps méprisés qui sont devenus des tissus à la mode grâce au caprice des couturiers : cotonnades sombres, noires ou grises, aux dessins violets, rouges, bleus. L'appartement de mes tantes ouvrait dans l'épicerie ; on montait trois marches, on arrivait dans la salle à manger où se tenait ma cousine Marguerite, la fille de tante Louise. Elle brodait, installée dans un coin près d'une fenêtre, des coussins, des dessus de table, des napperons, elle se servait de ciseaux d'argent en forme d'oiseau.

Mes tantes grillaient le café sur le trottoir, dans la

rue des Arcades, une très ancienne rue dont les maisons débouchent sous des arceaux de pierre. On tournait le brûloir ; une vapeur s'en dégageait à travers laquelle on voyait trembler la rue. Par moments, ma tante secouait l'appareil, puis ouvrait une sorte de petite fenêtre pour voir si le café prenait la bonne couleur. L'air était embaumé.

Sous le magasin, la cave était fraîche ; c'était là qu'on entreposait les mottes de beurre, les aliments fragiles. Tante Louise disait que sa cave était la meilleure du pays. Elle existe encore ; je ne sais à quoi, à qui elle sert : il y a une galerie de peinture dans ce qui fut le magasin. Tout change, tout passe ; heureusement demeurent nos souvenirs.

Dans *Le Pré aux narcisses* je fais allusion à un certain nombre de faits divers dont certains ont réellement eu lieu : par exemple l'histoire de cet homme détroussé et tué alors qu'il traversait la plaine avec une ceinture chargée d'or ou celle du garçon dont la femme est morte, tuée par un coup de fusil une nuit d'été. Meurtres, violences, on en trouve dans mes livres. J'ai un certain penchant pour les actions cruelles ; les couteaux me fascinent, parce que j'en ai peur je crois ; les drames où le sang coule m'intéressent. Je suis pacifique, pacifiste même ; pourtant du fond de mon imagination remontent des tragédies sanguinaires... sait-on jamais ce que l'on est, d'où naissent nos fantasmes ?

J'aime que le modeste, le terne quotidien soit

tout à coup traversé par la fulgurance d'un crime, la vie morne et toujours semblable, déchirée soudain, éclaboussée de sang. Je trouve bon que la boutique de mes tantes, calme dans sa rue calme, voisine avec la relation d'une monstrueuse affaire, comme le viol et le meurtre de la jeune fille dans le pré aux narcisses. Et tout est aussi important, tout a la même valeur : l'écoulement des jours, et la brutale rupture.

Ma mère m'a appris à lire. J'ai commencé très tôt, vers cinq ans. Institutrice, ayant abandonné son métier pour suivre mon père, elle reportait tous ses soins sur moi. Je ne suis allée en classe qu'à neuf ans passés.

Je n'aimais pas beaucoup travailler avec ma mère. Apprendre m'intéressait, mais je redoutais sa sévérité. Elle se mettait en colère facilement. Durant les leçons de calcul, j'ai reçu nombre de gifles.

Je suis allée quelque temps à l'école à Grasse, parce que je me trouvais trop seule à la maison, entourée de grandes personnes. On m'a mise dans une institution religieuse, juste pour me distraire. Une des sœurs passait le matin et venait me chercher à la villa. Elle me faisait peur ; elle disait que notre ombre, c'était la mort qui nous suivait ; j'aimais assez avoir peur.

Les élèves de cette école étaient plus âgés que moi ; ils devaient avoir huit ou dix ans ; je les trouvais vieux. Ma voisine, Alice, ouvrait son pupitre et me montrait une petite poupée vêtue de tulle vert, qui se balançait au bout d'un fil élastique. Mon voisin Élie me caressait le dos avec un crayon, je frissonnais de volupté. Je n'apprenais rien ; j'étais là pour jouer seulement. Les véritables leçons données par ma mère n'ont commencé que plus tard.

J'ai eu deux méthodes de lecture, la rouge et la bleue. A la fin de la seconde de petits textes figuraient pour moi les récompenses du travail. Je n'oublierai jamais l'expérience passionnante que j'ai faite le jour où j'ai compris ce que je lisais, où, enfin je me suis rendu compte que je pouvais dépasser l'assemblage pénible des syllabes pour découvrir une histoire. Dès lors, je n'ai plus cessé de lire.

L'ordre chronologique n'est sans doute pas le meilleur. J'y reviens cependant, par commodité, quitte à m'en éloigner si j'en ressens le besoin. Nous avons quitté Grasse vers 1924. A cette époque il se passait beaucoup de choses en musique, en peinture, en art théâtral. J'étais loin de m'en douter. Mes parents je crois ne s'en souciaient guère. A peine l'écho de la mort d'Anatole France parvint-il jusqu'à nous, parce qu'une voisine se lamenta longtemps en répétant : pauvre Anatole France, avec l'accent de Toulouse. Ainsi ai-je retenu la date de l'agonie de cet illustre écrivain.

Après de courtes vacances à Grimaud, nous nous sommes embarqués pour l'Algérie. A cinq ans, je me trouvais à Biskra, où ma petite sœur est née.

Nous habitions une maison grande, nue, une de ces maisons dont je devais prendre l'habitude : leurs locataires successifs ne les occupaient pas assez longtemps pour y imprimer leur marque ; c'étaient des gîtes de passage. Nous y sommes restés un an. La maison était entourée d'une cour où nous élevions des pigeons, des lapins, des poules.

La femme du commandant m'avait offert un lapin blanc qui prit sa place dans une cage près des autres lapins. Celui-là était à moi, je l'aimais. Un jour ma mère décida qu'un lapin devait devenir civet ; elle ordonna au domestique de le tuer, et elle le fit cuire. J'ai mis longtemps à me remettre de cet acte de cruauté. Aujourd'hui encore je me demande pourquoi ma mère le commit ; il est à l'origine, peut-être, du sacrifice de la lapine qui achève l'histoire de Laure et de Thérèse dans *La Terrasse des Bernardini*. Ma chambre était une pièce de débarras, j'y voisinais avec des cantines. Une tenture décorée de dessins étranges me plaisait beaucoup, j'aimais en particulier un cabochon entouré de perles dans lequel je voyais un visage, et que j'appelais Doucet. De mon lit – un lit en fer de l'armée – je regardais Doucet, je lui racontais des histoires.

Ma mère avait été fatiguée par le voyage en bateau ; le mal de mer nous avait toutes deux atteintes. Puis, l'installation dans une maison mal commode, les travaux nécessaires avaient été éprouvants pour une femme enceinte. Elle dut passer une semaine à l'hôpital militaire, où je l'accompagnai. J'y ai vécu quelques jours. Le matin, une religieuse m'emmenait cueillir des dattes dans la palmeraie. Elle me disait que le petit rond gravé sur le noyau de chaque fruit l'avait été grâce à la Vierge Marie qui s'était écriée un jour : « Oh, les belles dattes. » Je ne doutais pas que ce fût vrai.

Nous sommes rentrées chez nous. En principe tout allait bien. Nous devions attendre un mois encore la venue du bébé, dont j'étais sûre qu'il serait une fille : je voulais une petite sœur.

C'était bien une fille qui vint au monde, mais elle arriva en avance. Mon père, quand se manifestèrent les premiers signes d'une naissance imminente, courut chercher le docteur, qui n'était pas là et parcourut la ville. Pendant ce temps ma mère avait trouvé des aides : la femme d'un sergent qui, de l'avis de tous, s'entendait à ces sortes d'affaires, et surtout la bonne du curé, capable, disait-on, de remplacer la sage-femme – cette dernière venait justement d'être internée dans un hôpital psychiatrique.

Ma mère ne devait guère être rassurée ; mais que pouvait-elle faire d'autre que de s'abandonner à celles qui se trouvaient là ? Tout se passa très vite, et quand mon père revint enfin avec le docteur ma petite sœur reposait dans son moïse ; elle était née entre la femme du sergent et la bonne du curé, et elle ne s'en portait pas plus mal. J'ai tout de suite adoré ma petite sœur ; pour elle j'inventais des mots, je créais des chansons bizarres. Plus tard j'ai commencé à écrire des histoires que je lui lisais.

Pendant la durée de notre séjour à Biskra je me contentais de la regarder dormir : elle dormait beaucoup, elle tétait aussi. Elle grossissait. Elle devint très jolie et très dodue ; j'étais fière d'escorter son landau dans les allées du jardin public où nous promenait ma mère.

Je me rappelle ce jardin, ces allées qu'immortalise dans l'album de famille une photo sur laquelle je cours, vêtue d'une robe écossaise, un bouquet à la main. Je me rappelle aussi un jour de sirocco, une tempête de sable violente qui assiégeait la maison dans laquelle nous nous étions calfeutrés. Le sable filtrait partout, il craquait sous nos dents, il brûlait nos yeux, il recouvrait le sol d'une mince couche feutrée. Au-delà des fenêtres, le ciel était rouge.

Au bout d'une année, mon père a été envoyé dans une ville de la côte. Nous allions à la plage. J'avais encore des poules et des lapins à soigner. J'ai eu là des démêlés avec un coq superbe que j'appelais Jean et qui se jeta sur moi un jour, me martelant la tête de son bec pointu. Je crois que j'avais été amoureuse de ce coq et que sa méchanceté me causa une grande peine. Il finit à la casserole ; cette fois je ne protestai pas : le dépit amoureux me rendait aussi cruelle que mes parents.

Des petites filles venaient jouer avec moi. Nous singions les grandes personnes dansant le charleston, nous nous agitions en tous sens, en chantant : c'est elle qui pilote, c'est elle qui capote... Ma petite sœur apprenait à marcher, elle renversait tout. Souvent je me faisais gronder à sa place. Je ne l'en aimais pas moins. Un petit garçon prénommé Yves se montrait entreprenant ; il m'emmenait dans le pigeonnier ; nous nous livrions au jeu de la découverte de nos corps. Je me rappelle qu'il me disait : « Tu peux toucher, c'est propre, ma maman le lave tous les matins. » L'enfance est un monde merveilleux.

Mon père avait décidé qu'à notre départ de Djidjelli je devrais peser trente kilos. Il m'obligeait à manger beaucoup de pain. Souvent, à la fin du repas, comme il me restait encore un croûton, j'allais le finir en haut d'un gros lilas du Japon planté au milieu de notre cour. Cet arbre d'ailleurs était mon refuge habituel : nul ne pouvait l'y atteindre, et du haut de sa branche je dominais le monde.

Je travaillais tous les jours, sous la férule de ma mère qui n'était pas indulgente. J'ai eu de grosses difficultés avec la table de multiplication par trois. En revanche, j'ai découvert le bonheur de lire. Mon premier livre fut : *Boulotte*, l'histoire d'une petite fille capricieuse dont « le cœur était pavé de confiture de fraises ». A Djidjelli, j'ai été invitée à un mariage. Je devais marcher devant la mariée en portant un bouquet de roses. J'avais une robe rose pâle très courte – ma mère m'a habillée court aussi longtemps qu'elle a pu – en panne, ornée de rubans. Ce mariage fut le sommet de ma vie mondaine en Algérie. Il m'arrivait d'accompagner ma mère dans des thés, où j'offrais maladroitement des petits gâteaux à des dames qui s'exclamaient sur ma gentillesse. Mais, évidemment, les vraies réceptions n'étaient pas pour moi. Je restais à la maison avec l'ordonnance, un grand Noir dévoué qui m'aimait beaucoup. Il était musulman ; il me racontait le Coran.

A Djidjelli, les familles des officiers vivaient groupées dans un camp militaire. Nous en sortions rarement, pour rendre une visite à quelque femme de fonctionnaire civil. Je ne me rappelle pas du tout les indigènes, faute de les avoir fréquentés sans doute. En Algérie, comme en Indochine plus tard, les contacts entre colonisés et colonisateurs étaient inexistants, au moins au niveau des familles, et la confrontation entre deux civilisations qui aurait pu être un enrichissement demeurait proscrit. Je ne m'en suis rendu compte que bien plus tard. A six ans, ce qui m'importait c'était la chaleur de la cellule familiale, la sécurité dans notre petit monde où les seuls éléments étrangers étaient les domestiques, les ordonnances que tout naturellement, et comme les miens, je jugeais « d'une autre race », inférieure à la mienne, celle des seigneurs.

Après notre séjour de deux ans en Afrique du Nord, nous sommes revenus à Grimaud pour les quelques semaines correspondant au congé de mon père. Nous y avons passé des fêtes de Noël mémorables pour moi : celles durant lesquelles on m'apprit que le Père Noël n'existait pas, révélation qui me fit verser des torrents de larmes.

J'avais sept ans, l'âge de raison ; désormais je devais être sage, et responsable de moi-même, et quoique aucun changement notable ne fût perceptible en moi, je me sentais revêtue d'une sorte de dignité. Nous sommes partis pour Marseille où nous avons embarqué sur un grand paquebot. Nous allions vers l'Indochine. J'ai beaucoup pleuré en quittant ma grand-mère. Le bateau avait une odeur bizarre. La sirène mugissait trop fort. Le premier déjeuner à bord s'est mal passé : le tangage faisait valser les chaises, retenues au sol par des chaînes, les tables se balançaient. J'avais peur, je voulais retourner à Grimaud. Le calme est revenu, tout s'est arrangé peu à peu. Nous avions devant nous un long mois de traversée, temps de transition pour passer d'un monde à un autre.

Je garde un souvenir étrange de ce voyage. Le bateau s'arrêtait souvent. Au cours des escales, des gens montaient à bord, des gens dont la peau n'était pas de la même couleur que la mienne, qui parlaient des langues que je ne comprenais pas. Volubiles, ils nous offraient des marchandises éclatantes, des fruits et des fleurs inconnus, des tissus bariolés, des bijoux. Ils me faisaient peur. Ou bien nous descendions pour visiter des villes. Nous prenions pied dans des chaloupes qui nous emmenaient à quai, nous abordions ; nous découvrions des avenues bordées de grands arbres inconnus, des pavillons blancs dans des jardins touffus, des boutiques colorées. Des indigènes venaient à nous, nous parlaient, nous offrant encore des objets de pacotille que parfois ma mère ou les autres femmes achetaient. Nous rentrions le soir à bord, tout étourdis, chargés de dérisoires richesses. Puis le bateau repartait, et nous attendions l'escale suivante.

A Saïgon nous sommes restés quelques jours. Des amis étaient venus nous voir, de ceux qui comme nous voyageaient sans cesse, et que le hasard des affectations faisait parfois se rencontrer, puis se perdre de nouveau. Nous sommes allés dans leur grande villa, belle au milieu des flamboyants. Nous avons mangé des nourritures épicées avec le consul de France chez qui nous avait entraînés un cousin de Provence, échouant Dieu savait pourquoi en Cochinchine française.

A Haïphong nous avons définitivement quitté le bateau, dit adieu à nos compagnons de voyage : une chaloupe devait nous emmener vers notre lieu de destination : Nam-Dinh, dans l'intérieur des terres. Nous avons remonté le Fleuve Rouge. Avons-nous pris un train ensuite ? Je ne sais plus. Je me rappelle seulement la chaloupe qui sentait mauvais, et les berges qui défilaient interminablement. Comme j'avais fini par m'habituer à la vie du paquebot, à ses lumières brillantes, à ses fêtes, je me trouvais exilée dans cette embarcation réduite, séparée des gens avec qui j'avais noué quelques liens d'intimité. J'étais plongée dans le désarroi ; je pleurais. Ma mère avait fort à faire, prise entre mon chagrin et les caprices de ma sœur, trop petite pour comprendre. Le soir tombait, le ciel était nuageux, l'eau sombre. Le crépuscule m'a toujours angoissée, il m'angoissait déjà, d'autant plus que rien ne venait me distraire de l'impression de solitude et de détresse qui s'abattait sur moi. Avons-nous passé une nuit sur la chaloupe ? Sa sirène geignait interminablement. Je me sentais près du bout du monde, d'un pays d'où on ne revient pas.

Dernières feuilles

La maison que nous avons habitée à Nam-Dinh était grande et blanche, située dans un beau jardin. Elle faisait partie d'un ensemble de bâtisses groupées le long d'une allée, occupées par les officiers. Au bout de l'allée se dressait la caserne où se rendait mon père chaque jour pour se livrer à des occupations dont j'ignorais tout. La ville s'étendait un peu plus loin.

Ici encore les militaires et leurs familles se trouvaient séparés de la population autochtone. Durant les cinq années que j'ai passées en Indochine, je n'ai connu en fait d'indigènes que les domestiques, nombreux il est vrai, et quelques commerçants. Même l'école était réservée aux enfants des Européens. Ceux que nous appelions les Annamites avaient la leur. Les deux populations ne se mêlaient pas.

La grande maison bordée de vérandas, le jardin qui s'achevait sur une mare où flottaient des œufs de grenouilles au printemps, et la proximité d'autres maisons, d'autres jardins où vivaient mes camarades de jeux ont fait de mes années indochinoises un temps de bonheur.

On accédait à notre jardin par une courte allée bordée de feuillages. Il s'étendait devant et derrière la maison, il était riche en massifs de fleurs de toutes sortes, parmi lesquelles je me rappelle surtout les lantanas. A présent encore, quand je regarde les cabochons du lanna faits de multitudes de petites corolles allant du jaune au rose, je ressens une espèce de tendresse triste qui est la nostalgie de mon domaine d'autrefois. Il y avait aussi de grandes amaryllis rouge sombre que ma mère aimait et qui se dressaient, orgueilleuses, au-dessus de l'herbe bleue des bordures. Il y avait des bosquets de roses trémières, de poinsettias, d'hibiscus...

Près de la mare une bande de terrain était réservée aux cultures utiles. Je n'oublierai jamais l'odeur des plants de maïs chauffés par le soleil, ni leur crissement soyeux quand je me glissais entre eux à l'heure de la sieste, au lieu de dormir sur mon lit plat. Un poulailler enfermait des volailles diverses, une oie qui mourut d'avoir pondu un œuf trop gros, comme la cane de Jeanne dont parle Brassens, et même un cochonnet que je revois tout gris.

J'ai mené là une vie presque campagnarde, m'intéressant de près aux insectes, aux plantes, faisant des collections de papillons et essayant en vain d'apprivoiser des coccinelles. Nous allions rarement en ville si ce n'est pour nous rendre à l'école — je finis par la fréquenter deux ans après notre arrivée — ou pour entendre un concert donné par la fanfare dans un kiosque qui évoquait la province française. Le reste du temps, lâchés en bandes joyeuses, nous, les enfants, nous allions d'un jardin à l'autre, nous construisions des cabanes, nous jouions aux sauvages, aux explorateurs, aux pirates, ou bien nous nous rassemblions sur le court de tennis, à l'heure où nos parents l'avaient déserté. Assis en rond, nous parlions. Ma vocation de conteuse a commencé là. J'étais celle qui connaissait le plus d'histoires et qui les racontait le plus volontiers, le mieux peut-être. Au besoin j'en inventais. Ensuite, parfois, nous les mettions en scène. Nos pères jouaient au bridge en buvant des liquides opalescents dans de grands verres, nos mères nonchalantes s'éventaient à petits coups avec des écrans de papier huilé peints de fleurs et d'oiseaux. Nous étions seuls, libres, heureux.

L'école m'a plu tout de suite. Il est vrai que j'y ai retrouvé les enfants que je connaissais déjà. Et puis, comme ma mère avait été une excellente institutrice, je me trouvais au-dessus du niveau général. J'avais de bonnes notes, même en calcul, et presque tous les prix à la fin de l'année.

Les élèves, garçons et filles, étaient les enfants de militaires ou de fonctionnaires civils ; tous étaient blancs ; il s'y mêlait quelques métisses, en général issus du mariage d'un sous-officier et d'une indigène. Mais les Annamites allaient dans une école qui leur était réservée. L'école religieuse était moins ségrégative et les deux races s'y côtoyaient. Sans doute les religieuses avaient-elles davantage le sens de la fraternité humaine.

Ma sœur avait fait son entrée en classe en même temps que moi. Peut-être ma mère était-elle lasse d'enseigner. Nous partions pour l'école en pousse-pousse. Il était loué ; notre coolie venait nous attendre devant la maison, et il nous ramenait chez nous à la fin des cours. Il portait un chapeau conique et ses pieds étaient nus. Nos camarades empruntaient le même mode de locomotion et tous les pousse-pousse filaient ensemble, nous voulions tous aller plus vite, arriver les premiers ; les coolies jouaient le jeu, leurs pieds claquaient sur le sol, nous criions pour les encourager. Nous n'avions pas conscience de nous conduire en esclavagistes. Pourtant un jour j'ai reçu sur la joue le crachat d'un jeune Annamite qui se trouvait dans la rue à nous regarder passer. Ce fut ma première rencontre avec la révolte anticolonialiste. Je n'y ai rien compris. Comment l'aurais-je pu, à neuf, dix ans, petite fille élevée dans le milieu qui était le mien ? J'ai gardé ce crachat dans ma mémoire ; je m'en suis souvenue longtemps après.

Nous avions beaucoup de domestiques : un cuisinier qu'on appelait le bep, une congaï qui prenait surtout soin de ma sœur, l'ordonnance de mon père, un jardinier, un palefrenier. Chez nous on traitait bien les serviteurs, avec une bonté un peu condescendante. Chez d'autres il n'en était pas de même, il arrivait qu'on battît un boy qui avait été surpris à mentir ou à voler. De toute manière, quand on parlait d'eux, des Indochinois en général, on disait : « ces gens-là ». Il était entendu qu'ils n'avaient rien de commun avec nous. Et pourtant les dames de la colonie allaient à la messe où on leur apprenait que tous les hommes sont frères. Elles ne voyaient pas le rapport, j'imagine. Je crois, peut-être à tort, qu'elles avaient des cervelles d'oiseaux.

Dès que nous étions rentrés de l'école, nous allions chercher notre goûter et nous nous réunissions pour le manger, chez l'un ou chez l'autre, c'est-à-dire dans le jardin de l'un ou de l'autre. Dans le nôtre nous avions construit une cabane avec des branches et de la paille. Elle était assez grande pour contenir plusieurs personnes, avec une porte et une fenêtre. Nous y avons élevé des bêtes, une souris à peine née que nous abreuvions de lait volé aux cuisines, des coléoptères aux riches couleurs, des escargots... Les grandes personnes ne mettaient jamais les pieds dans la cabane ; elles nous laissaient vivre entre nous. Elles avaient leur mode de vie, et nous avions le nôtre.

Nos parents se recevaient, faisaient la sieste, jouaient au bridge et au tennis. Leurs distractions ne nous intéressaient guère. Il nous arrivait pourtant, lors d'une réception, de grimper sur le mur de la véranda et de regarder à travers les lames des persiennes tous ces gens qui riaient et parlaient fort. Quelqu'un remontait le phonographe. Les invités se mettaient à danser, buvaient, mangeaient des petits fours. Puis notre congaï venait nous chercher et nous rentrions pour dîner et nous coucher. Le lendemain nos mères faisaient des allusions à la soirée, ou s'en entretenaient avec leurs amies. Nous écoutions avec une admiration mêlée de mépris.

Les « cocktails » avaient lieu le plus souvent dans les maisons des officiers, mais parfois, et alors ils étaient plus somptueux, nos parents étaient invités à la Résidence, ou bien chez le Tong-doc qui était le représentant le plus élevé de l'administration indigène. On disait qu'il était très beau, très élégant dans son costume de soie. Je ne l'ai jamais vu. On disait aussi qu'il tenait des propos surprenants ; par exemple il assurait : nous tolérons les Européens parce que nous avons encore à apprendre d'eux. Quand nous en saurons assez nous les chasserons. Comme il parlait poliment, avec un sourire plein d'ironie, chacun prenait ses propos pour une boutade dépourvue de conséquences.

Pour se rendre aux réceptions les dames rivalisaient de coquetterie. Certaines, les plus fortunées, commandaient leurs toilettes à Paris. La plupart les faisaient confectionner par les artisans de la ville. Il y avait deux tailleurs à Nam-Dinh : le « tailleur élégant », et celui qu'on surnommait « Paquin » parce qu'il était le plus habile. J'ai souvent accompagné ma mère chez l'un ou l'autre. Le premier était plus docile, plus facile à manier. Ces dames le tyrannisaient un peu, le bousculaient, lui posaient des questions indiscrètes à propos des robes qu'il taillait pour leurs rivales. Elles fouillaient aussi ses tiroirs sans vergogne, pour voir s'il n'avait pas gardé quelques morceaux de tissu dans le but de faire des cravates qu'il vendrait ensuite à ses clients indigènes. On respectait davantage « Paquin ». Très doué, il était capable de copier à s'y méprendre un modèle de grand couturier. Il était maigre, vêtu de blanc, et des touffes de poils noirs dépassaient de ses emmanchures sous ses bras nus. Ses prix étaient élevés, aussi ne s'adressait-on à lui que dans les grandes occasions.

J'imagine que nos parents, nos mères surtout, trouvaient autant de plaisir à la vie coloniale que nous, pour d'autres raisons. En France ils eussent été de petits-bourgeois à l'existence étroite. En Indochine ils vivaient dans une sorte de luxe que la plupart d'entre eux avaient toujours ignoré.

Quand j'ai écrit *Les Femmes de la pluie*, tout ce temps de mon enfance en Extrême-Orient m'est remonté à la mémoire. J'ai promené dans ma pensée la première phrase du livre : « Enfant, il avait longtemps vécu dans une ville aux rues de poussière bordées de hautes palmes. » La ville, c'était Nam-Dinh. Et les images de la mère de mon personnage celles de ma propre mère, vêtue de satin noir ou de crêpe de soie, le pied bien cambré dans ses souliers à talons hauts, la tête enfoncée sous un chapeau-cloche, de longs colliers coulant plus bas que la taille, d'ivoire ou de jade ou de corne de buffle sertie d'argent. Cinq ans, dans une vie cela compte, surtout quand ces années sont celles de la pré-adolescence. A jamais demeureront dans mon souvenir les rues de la ville, les maisons blanches entourées de flamboyants, les magasins chinois ou japonais débordant de pacotille enluminée ; et les marchés bruyants, les pagodes ; et l'étendue morne des rizières sous un ciel blanc, les pêcheurs nus dressés le long des digues étroites ; et la route le long du fleuve où nous allions parfois en voiture à cheval ; et les enfants grouillant partout, vêtus de pantalons fendus ou bien le sexe découvert, les cheveux rasés, à part la touffe brune qui permettrait à Bouddha de les saisir pour les emporter au paradis. Tout ce monde sommeille en moi : porteurs d'eau, marchands ambulants suant sous le chapeau conique, le balancier à l'épaule, qui soutenait les corbeilles de fruits, de légumes, les femmes enturbannées aux pantalons noirs, les hommes à chignon, la foule nombreuse, terne et pressée, mais aussi les belles congaïs en vêtements de soie multicolore, au visage poudré et doux.

Je tourne des pages ; c'est mon album intérieur.

Et remonte aussi l'odeur étrange, bétel et encens, crottin, urine, l'odeur de l'Orient. Beaucoup de mes lecteurs ont été déçus par *Les Femmes de la pluie*. L'absence de mes habituelles descriptions de la province française les a déroutés sans doute. Pourtant, je crois avoir bien restitué l'atmosphère moite d'un pays que j'ai aimé, les ciels pâles, la végétation luxuriante, et les fêtes dérisoires de ces gens qui ne savaient pas qu'ils vivaient les dernières années d'une civilisation artificielle imposée comme un joug à une population qui la rejetterait bientôt.

Je pensais souvent à la France, et bien que je fusse heureuse en Indochine je me la représentais comme un paradis provisoirement perdu. J'évoquais mes grands-parents dont les nouvelles nous parvenaient avec des semaines de retard. Je me racontais comment, à Grimaud, on allait de la maison au jardin en passant sous le porche, en traversant la place de l'église. Je lisais *La Semaine de Suzette* à laquelle on m'avait abonnée, et toutes les histoires qui se déroulaient dans de vieilles maisons provinciales au milieu de parcs bien français me donnaient une légère nostalgie de mon pays. Autour de moi on commençait à parler du retour.

Ma mère faisait broder des services de table que nous emporterions, allait jusqu'à Hanoï pour acheter des brûle-parfums de bronze, des danseuses aux doigts recourbés, des panneaux de soie brodée de dragons et de flamboyants, des coffrets en bois de rose finement sculptés... J'avais onze ans passés, ma sœur en comptait six. Nous nous racontions le retour, ou plutôt je le lui racontais, puisqu'elle ne se souvenait pas de la France.

C'est à ce moment que mon grand-père est mort.

Je n'avais pas d'idée sur la mort. Je me disais qu'il fallait être triste, mais je n'arrivais pas à comprendre le « jamais plus ». Je voyais ma mère pleurer, j'étais désemparée. Le chagrin de la famille se mêlait aux préparatifs de départ, aux lamentations de notre congaï qui voulait abandonner les siens pour nous accompagner, aux regrets de laisser derrière nous les camarades de jeux, le chat, le chien, et le jardin merveilleux. Il se mêlait aussi à ce que j'imaginais devoir être la joie du retour chez nous.

Nous avons repris le bateau ; c'était le même que celui du voyage d'aller, un paquebot de la compagnie des Chargeurs réunis. J'étais grande pour mon âge, je commençais à prendre une allure de jeune fille, quoique je fusse encore habillée très court. A cause de notre deuil je portais des robes blanches ou mauves, un manteau de velours noir avec un col de mongolie. Je commençais à intéresser les garçons plus âgés que moi. Le soir, en cachette, avant d'aller à la salle à manger, je fardais légèrement mes cils avec un cosmétique emprunté à ma mère. J'étais amoureuse de l'officier radio que j'allais parfois rejoindre dans son poste. Il me gardait près de lui. Puis il me chassait : « Va-t'en, va-t'en vite ». Je ne comprenais pas sa voix altérée, sa hâte à me renvoyer.

Il y avait Jacques, un garçon de seize ans qui se disait amoureux de moi, et dont je me moquais parce qu'il avait des boutons. J'allais jusqu'à jouer à la poupée devant lui, pour l'humilier en lui montrant qu'il avait fait des déclarations à une petite fille. Et j'étais bien encore une petite fille, curieuse, aventureuse, troublée par la puberté, attirante sans doute, mais tout empêtrée dans son enfance, une espèce d'être hybride en voie de transformation. Mes parents ne s'en apercevaient pas. Ils ne trouvaient rien à redire quand le commandant du bateau m'embrassait longuement sur les paupières, sensible au charme ambigu de cette promesse de femme. Mes parents, d'ailleurs, je les côtoyais peu. Ma mère souffrait souvent du mal de mer. Mon père jouait au bridge. J'errais sur le bateau, je visitais les postes divers, les cuisines. Ou bien je montais sur le pont supérieur et je contemplais la mer. Nous étions, comme disait ma mère, « entre le ciel et l'eau ». Je voulais être marin, explorateur. Je m'enivrais de vent. Les escales défilaient dans l'autre sens. Je n'avais plus peur des gens étranges. J'échangeais les oranges de mon dessert contre des morceaux de corail avec les petits marchands qui montaient à bord.

Nous sommes enfin arrivés à Marseille.

Un de nos cousins nous accueillit. C'était le plus jeune fils de notre tante Juliette, qui habitait dans la banlieue de Marseille une vaste maison où demeuraient encore quelques-uns de ses neuf enfants. Le cousin Maurice portait un canotier. Il parlait avec un accent méridional prononcé que je trouvais affreux. Je trouvais tout affreux en lui d'ailleurs, depuis son chapeau jusqu'à son costume. Ma grand-mère aussi était venue à notre rencontre. J'avais tant pensé à elle durant les années d'exil mais je ne la reconnaissais plus.

La maison de la tante était campagnarde à souhait, entourée d'un grand jardin mal tenu. Les cousins et les cousines qui nous recevaient avec des exclamations de joie me parurent laids et mal attifés. Les hommes avaient des vêtements étroits, les femmes des robes trop longues, des cheveux qui ne devaient pas souvent être confiés aux mains d'un coiffeur; ni fardées ni soignées, elles me déplurent. Elles débordaient d'affection pourtant, elles se multipliaient pour nous entourer de soins. Mon père et ma mère, sensibles à leur gentillesse, prenaient des airs de grands voyageurs revenus d'un monde lointain et se laissaient dorloter. Moi, en retrait, je ne disais rien. J'avais envie de pleurer. Je venais de quitter une société brillante, gaie, et je tombais sans préparation dans la province française, celle que j'ai tant racontée plus tard, qui me décevait, me donnait un malaise impossible à surmonter. Ma grand-mère me serrait contre elle. Je l'aimais toujours, mais elle parlait elle aussi avec cet accent que j'avais oublié, elle portait elle aussi une vilaine robe noire.

Nous sommes restés quelques jours à Marseille, le temps pour mon père de s'occuper de rassembler nos nombreux bagages, d'accomplir des formalités indispensables. Ensuite nous sommes partis pour Grimaud.

Je ne me rappelle pas le voyage. Je ne revois que notre arrivée dans la maison de mes grands-parents, celle que j'ai évoquée dans *Le Rapide Paris-Vintimille*. Ma tante, mon oncle étaient là, et ma petite cousine qui avait l'âge de ma sœur. Tout le monde s'embrassait en pleurant, la cuisinière fumait et l'absence de mon grand-père attristait chacun de sorte que nous ne savions si nous pleurions de tristesse ou à cause de la fumée. La réalité était loin de mes rêves, du retour joyeux et triomphal que j'avais imaginé. Je venais de quitter un univers que je ne retrouverais plus, celui qui m'était donné me décevait. Je n'étais plus de nulle part, je flottais entre deux mondes. J'enviais ma sœur qui passait de bras en bras et qui riait.

Petit à petit, je me suis réhabituée à ma maison, à ma famille. J'ai renoué avec mes camarades grimaudoises, à qui je racontais mes aventures, en les embellissant un peu. Je faisais presque figure d'héroïne.

Nous avons passé à Grimaud tout le congé de mon père. Il aurait fallu que j'aille en classe, mais mes parents jugeaient qu'après cinq années d'un climat éprouvant – qui ne m'avait d'ailleurs pas éprouvée le moins du monde – je devais me reposer. Ensuite, mon père a été envoyé en garnison à Aix-en-Provence où je suis entrée au lycée, en classe de sixième.

Aix est une jolie ville, grise, ocre et bleue, glacée l'hiver et brûlante l'été, une ville où la vie s'écoule, monotone, avec l'eau des fontaines. Se rapportant à elle, j'ai deux couches de souvenirs : ceux de l'époque où j'étais écolière au lycée de jeunes filles de la place des Prêcheurs, et ceux du temps où j'y suis revenue comme étudiante.

J'ai utilisé la première couche pour écrire *Miroirs d'Edmée*. J'y évoque le lycée dans lequel je n'ai pas été très heureuse : petite fille venue d'ailleurs, je n'étais pas acceptée par les élèves issues de la bonne société de la ville. La fille du pharmacien et celle du docteur, celle du directeur de l'École supérieure et celle du proviseur du lycée de garçons me battaient froid. Et comme elles tenaient si je peux dire le haut du pavé, les autres, les moins en vue, les suivaient. Une de mes camarades, fille d'officier comme moi, se trouvait comme moi à demi rejetée. Toutes deux étrangères, nous nous sommes unies. Elle s'appelait Edmée. J'en ai fait l'Edmée des *Miroirs*.

En vérité, je n'ai fréquenté Edmée que durant un an. A la fin de la classe de sixième elle a quitté la ville. Je ne sais ce qu'elle est devenue. C'était une grande fille brune aux yeux verts, aux joues rondes et roses. Quand, plus tard, j'ai lu Proust, j'ai vu sous ses traits la jeune Albertine. Edmée s'habillait mal, ou plutôt sa mère l'habillait mal car elle avait fort mauvais goût. Elle ne manquait cependant pas d'allure. C'est à partir de sa silhouette, de quelques traits de caractère que j'ai imaginé mon Edmée, et surtout à partir de son prénom qui pour moi sent la frangipane et la violette. Pour le reste, pour ce qui est des aventures d'Edmée adolescente, je lui ai attribué bon nombre des sottises que je commettais moi-même. Par exemple c'est moi, et non l'Edmée de mes douze ans, qui courais la campagne avec un garçon au lieu de se rendre à la messe. C'est moi qui ai inventé une imaginaire chorale pour le seul plaisir de me promener dans les rues, seule, en liberté.

Je n'étais pas docile, je rêvais de rencontres amoureuses, je me passionnais pour les films sentimentaux que ma mère voulait bien m'emmener voir. J'avais une toquade pour un acteur bien oublié, qui s'appelait Henri Garat et qui jouait dans des opérettes filmées ; le cheveu gominé, le regard câlin, il chantait avec brio. Je collectionnais ses photos prises dans *Ciné-monde* et *Ciné-miroir*.

A Aix, j'eus treize ans. Je commençai à tricher, pour que mes robes fussent un peu plus longues, lors des essayages chez la couturière.

On me donnait quinze ans, j'en étais fière. Je me revois marchant sur le cours Mirabeau, en toilette d'organdi rose, sur la tête une capeline ornée de longs rubans qu'on appelait des « suivez-moi jeune homme ». Et c'était vrai que des jeunes hommes me suivaient, m'abordaient quelquefois. Les choses n'allaient pas bien loin ; les mœurs n'étaient pas libres en ce temps-là, et mon éducation prude m'eût empêchée de m'abandonner, si j'en avais eu le désir. Le flirt, le flirt seulement, représentait un grand intérêt dans ma vie.

En classe, je travaillais bien, surtout en français. Je n'aimais guère le latin, et les mathématiques me rebutaient autant que les fractions au temps où j'avais été l'élève de ma mère.

Le lycée était un ancien couvent, avec de grandes

galeries sur lesquelles ouvraient les salles de cours d'un côté, qui donnaient de l'autre sur un beau jardin bien peigné. La cour de récréation, ses platanes sous lesquels traînaient toujours des papiers de chocolat, était au premier étage.

Nous avions droit à trois jours de vacances pour le carnaval, ce que j'ai appelé dans mon livre les festivités de la Saint-Jacques. Alors la ville s'illuminait, le cours Mirabeau était superbe avec ses fontaines lumineuses aux chutes d'eau multicolores. Des arceaux garnis de lampes rouges, bleues, vertes, formaient des arcs de triomphe. Il y avait des batailles de confettis, des défilés de chars. Sur la place de la Rotonde se tenait une foire aux attractions multiples. En ai-je fait des tours de chenille, des visites aux monstres inquiétants comme la femme-crocodile, la femme-tronc, l'homme à deux têtes ! On mangeait des beignets, des sucreries, des pâtisseries de tous genres, des berlingots, des pommes enrobées de caramel. J'aimais la foire, son charivari, ses odeurs de friture et de sucre. La fête se terminait par un feu d'artifice qui me rappelait les cérémonies indochinoises, les salves de pétards dont le bruit chassait les démons.

J'ai vu deux carnavals ; deux années durant j'ai arpenté le cours Mirabeau aux heures où il était bon de s'y montrer ; j'ai suivi sans défaillance les classes du lycée où je n'étais toujours pas mieux intégrée. Edmée partie, j'ai eu une autre amie puis une autre. De temps en temps ma mère me disait que je la ferais mourir de chagrin, et ma petite sœur la consolait parce qu'elle, elle était sage. Mon père est parti pour l'Afrique occidentale, où nous devions le rejoindre, l'année scolaire finie. Il est tombé gravement malade, il est revenu, ayant demandé à prendre sa retraite. Nous ne sommes jamais repartis ; et notre vie vagabonde a pris fin, au grand déplaisir de ma mère pour qui la vie coloniale revêtait tant de charme. J'avais quatorze ans à peine, ma sœur neuf. Des années plutôt sombres ont alors commencé.

Nous nous sommes installés à Marseille. C'était « la porte de l'Orient » où faisaient encore escale les coloniaux qui continuaient le voyage. Nous pouvions avoir l'illusion de n'être qu'un moment arrêtés dans notre vagabondage. Nous pouvions marcher sur le quai de la Joliette où les grands navires à l'ancre attendaient le départ, nous pouvions respirer l'air du large et nous imaginer que nous aussi nous nous en irions un jour vers les pays d'outre-mer que nous avions aimés. Des amis passaient, qui nous rendaient visite, nous avions des nouvelles de l'un, de l'autre de nos anciens compagnons d'errance. Puis, nous nous sommes retrouvés sédentaires pour jamais. Ma mère pleurait en préparant le repas du soir. Mon père, qui s'était bien remis de sa maladie et regrettait sa décision hâtive, examinait les petites annonces, à la recherche d'un emploi qui lui eût permis d'augmenter ses revenus, de mieux faire face aux dépenses exigées par le train de vie de la famille. Il était modeste ; au lieu de la domesticité nombreuse de nos années d'Indochine, nous avions l'aide d'une femme de ménage. Ma mère s'usait à des travaux ennuyeux et faciles. Je ne l'aidais guère : j'avais été mal élevée pour ce qui concernait les tâches ménagères.

Après plusieurs déménagements, nous avions élu domicile dans une maison neuve ; nous habitions un appartement confortable et non dépourvu de charme, dans un quartier bien fréquenté. Ma sœur et moi, nous allions au lycée Longchamp, où nous nous plaisions : il n'y avait pas là l'ostracisme que j'avais rencontré à Aix, les élèves venaient de partout, appartenaient à tous les milieux. J'ai fait dans ce lycée toutes mes études jusqu'au baccalauréat, et j'en conserve le meilleur souvenir.

A la maison, l'atmosphère était plutôt triste. Mon père se repliait sur lui-même, ma mère regrettait sans fin sa vie facile et faisait grief à son mari de l'avoir interrompue. Malgré tout, moi j'étais contente d'être enfin fixée quelque part, de ne pas devoir plier bagage sans cesse et tout quitter à tout bout de champ. J'avais des amies, une surtout, rencontrée au commencement de la classe de troisième, avec laquelle mon intimité dure encore. Elle s'appelait Marie-Blanche, elle avait des manières un peu désuètes. Ce fut ma première véritable amie. Nous riions des mêmes choses ; en classe, quand l'une manquait, l'autre s'ennuyait. Malheureusement Marie-Blanche était amoureuse, et sa passion voulait qu'elle écartât toute rivale possible. C'est pourquoi je ne participais pas à sa vie en dehors du lycée ; elle redoutait que son amoureux ne portât les yeux sur une autre qu'elle. Elle avait tort : elle finit par l'épouser et fut extrêmement malheureuse en ménage.

Les années 34, 35, 36 s'écoulèrent, ombre et lumière, peines et joies. Les événements politiques ne me touchèrent pas beaucoup, et je n'y compris pas grand-chose. Mes parents se rangeaient résolument du côté de l'ordre et contre le socialisme. Le Front populaire les effraya, la guerre d'Espagne leur procura l'occasion de se prononcer contre les affreux républicains qui déterraient les religieuses. Ils lisaient *Candide, Gringoire* ; ils refusaient de considérer l'autre côté des choses. Mussolini, qui avait, disait mon père, asséché les marais pontins, représentait l'homme fort dont l'Italie avait besoin. La guerre d'Éthiopie éclata et mon père se mit à piquer des petits drapeaux sur une carte, qui figuraient l'avance des troupes italiennes. Comment eût-il pu ne pas prendre parti pour le conquérant dans une guerre coloniale, lui qui en avait tant fait ? Quant à Hitler, mes parents le trouvaient plutôt comique quand nous le voyions sur les bandes d'actualité. Ce qu'on entendait raconter à propos des arrestations de Juifs nous paraissait invraisemblable, et nous n'y croyions pas.

L'armée était en ces temps-là « la grande muette ». L'éducation politique manquait à notre milieu.

Le père de l'Edmée des *Miroirs* ressemble-t-il à mon propre père ? Je pense qu'il lui a emprunté sa naïveté, et aussi un aveuglement dont il n'était pas responsable. Je peux imaginer que, placé dans une situation comparable à celle du père d'Edmée, il eût réagi de la même façon. Comme le père d'Edmée, c'était un homme intègre, incapable de transiger avec l'honneur.

On parlait de guerre. Cela ne m'inquiétait pas. J'avais toujours entendu célébrer la guerre, que ce soit durant les cours d'histoire que je prisais beaucoup, et où je me régalais de chassés-croisés et de renversements d'alliances, ou bien durant les repas de famille interminables, quand mon père et mes oncles racontaient les combats de 1914. Je n'étais pas impunément une fille de militaire, j'avais lu une infinité de récits dans lesquels des soldats donnaient joyeusement leur vie pour la patrie, de nobles jeunes filles sauvaient le drapeau en le cachant sous leur chemise. Je trouvais belle la guerre, superbes les héros. J'admirais le courage des guerriers, je ne pensais pas : destruction et mort, je pensais : violence, valeur, victoire.

Ma grand-mère mourut en 1936. Ce fut un grand chagrin pour moi. Elle m'avait aimée plus que personne au monde, elle m'avait préférée à tous. Elle quitta la vie discrètement, en quelques jours, peu après les fêtes de Noël. Avec elle, avec sa longue silhouette, couronnée par un vilain chapeau noir, disparaissait tout un pan de mon enfance. Je pleurai beaucoup. Je croyais entendre encore sa voix quand elle me donnait naïvement des noms trouvés dans les feuilletons qu'elle prisait : idole de mon âme, mon petit roi de France.

Après la mort de bonne maman rien ne devait plus être pareil pour moi, et quoique la maison de Grimaud dût revenir à ma mère les vacances perdirent une partie de leur charme.

Et puis c'était la première fois que je rencontrais la mort. La perte de mon grand-père ne m'avait pas trop affectée, elle s'était déroulée au loin, elle concernait un être que j'avais un peu oublié. Au contraire, la fin de ma grand-mère m'éprouva et me força à considérer en face une réalité inéluctable. Outre que je ne la verrais plus, je me sentais concernée par le fait que tout être vivant est mortel, par la certitude que moi aussi un jour je mourrais.

Je n'allai pas à l'enterrement, qui eut lieu à Grimaud dans le petit cimetière en face de la mer. On me laissa avec ma sœur chez ma tante Juliette. Je portai le deuil ; le voile de crêpe georgette plissé qui drapait mon chapeau me donna l'air plus âgé, me confirma dans le sentiment que je devenais une grande personne. Désormais je savais ce qu'était la mort, et je le manifestais par des signes extérieurs réservés aux adultes.

Ainsi, et bien que ma peine fût réelle, elle était tout entremêlée de considérations personnelles, presque égoïstes.

Pourtant, je ne devais pas oublier le dernier moment durant lequel j'ai vu ma grand-mère vivante. Elle était perdue, nous le savions, elle le savait aussi sans doute. Je me suis approchée d'elle, je l'ai appelée. Et elle qui m'aimait tant, qui eût, comme on dit, donné sa vie pour moi, elle ne m'accorda pas un regard. Elle se mit à réciter une prière, ce « Je vous salue Marie » qu'elle avait dit tant de fois sur les perles de son rosaire. Tout entière occupée par sa propre mort, elle n'avait pas de temps à perdre pour les vivants, fussent-ils les plus aimés. J'ai repensé à cet instant en lisant plus tard Bernanos : « Ma fille, il est dur de mourir. »

J'ai rêvé une fois de ma grand-mère dans un beau jardin fleuri entouré de barrières blanches. Elle me tendait les bras, je la regardais en versant des torrents de larmes, sans pouvoir aller la rejoindre.

Est-ce que l'âme de ma grand-mère revit dans un jardin rempli de fleurs ? Ou bien est-ce que cette vision symbolise mon enfance à jamais perdue dans laquelle bonne maman tenait une si grande place ? J'ai mis le jardin aux barrières blanches, l'inaccessible jardin, dans *Le Cygne de Fanny*.

Après la mort de ma grand-mère, nous avons continué d'aller à Grimaud pour chaque période de vacances. Au début du *Pré aux narcisses* j'ai décrit l'atmosphère de la maison et du village, et aussi de la campagne environnante, à chaque saison. Maintenant encore, il me suffit d'acheter un brin de mimosa chez la fleuriste du coin pour respirer l'odeur des vacances de Noël et retrouver les après-midi dans le petit salon, le jour clair derrière les vitrages de tulle, la chaleur du feu de bois et le parfum des bouquets de ce mimosa aux feuilles vert cendré, aux fleurs éclatantes et duveteuses qui remplissaient les vases. Les vacances de Pâques, c'est la profusion des narcisses qui sentaient fort, et les ondulations des bruyères roses dans les collines.

L'été amenait la chaleur écrasante, dans laquelle je me laissais couler, qui me recouvrait comme un vêtement. Les herbes sentaient fort, les cigales grinçaient inlassablement. Les pins raides, immobiles, se découpaient contre le ciel trop bleu. Et puis il y avait la mer, lointaine ou proche, les friselures des vagues et leur froissement soyeux, le contact de mes pieds avec le sable mouillé, et la douceur de l'eau transparente, les grands lacis que dessinait sur les fonds l'ombre des ondulations de surface. Les étés de jadis sont si proches de moi que je les confonds avec ceux d'à présent ; il me semble, quand je renoue avec la Provence au mois d'août, que continue de s'étirer une seule saison et que je suis la même que la fille de seize ans dont je parle aujourd'hui.

Pour atteindre Grimaud, nous devions entreprendre un voyage compliqué. Nous n'étions pas loin pourtant, mais ces quelque cent kilomètres ne se franchissaient pas sans problèmes. D'abord, nous montions dans le rapide Paris-Vintimille, celui même dont le nom me procurait une émotion délicieuse. Nous le quittions à Saint-Raphaël d'où un car nous amenait jusqu'à Grimaud. Cela, c'était encore relativement facile. Mais les perturbations amenées un peu plus tard par la guerre nous obligèrent à des détours plus compliqués, par Toulon, La Foux et Cogolin, d'où « le courrier » nous conduisait jusqu'à Grimaud. J'ai souvenir de haltes mémorables à Toulon, chez un vieux camarade de mon père qui avait cinq fils et qui nous recevait fastueusement : repas interminable, service de porcelaine, petits cadeaux dans les assiettes ; et concert à la fin du déjeuner : les cinq fils jouaient chacun d'un instrument, du piano à l'ocarina, et se produisaient au dessert. Les nourritures riches, les boissons abondantes, le bruit et l'agitation, suivis par la seconde partie de voyage qui n'était pas la plus simple, nous mettaient, ma sœur et moi, sur les genoux. Nous nous couchions en arrivant. Nous ne découvrions que le lendemain les délices ineffables des vacances.

La maison de ma grand-mère n'a changé que plus tard, quand ma mère qui l'avait reçue lors du partage des biens a décidé de l'embellir et de la moderniser. Longtemps les pièces sont demeurées les mêmes, avec leurs objets dépourvus de grande valeur sans doute, mais si chers à mon cœur.

La pendule, je l'avais baptisée Chloé. C'est elle qui parle à la petite fille dans *Caroline et les grandes personnes*. Elle se tenait debout sur le palier, près de la porte de ma chambre, elle sonnait les heures et les demi-heures bruyamment, elle ne m'a jamais gênée. J'aimais bien la vieille cuisine dont la porte donnait sur la petite terrasse ombragée par la tonnelle. Sous l'évier de pierre dure s'ouvrait un placard noir aux portes munies d'un bouton de cuivre. Il y avait d'autres placards, jaunes, une petite table dans le tiroir de laquelle j'avais longtemps enfermé mes richesses, et une grosse cuisinière d'émail bleu.

J'aimais la chambre de ma grand-mère, où couchait ma mère à présent, avec sa cheminée de marbre blanc, sa commode sur laquelle naviguait une gondole en verre de Venise chargée d'une cargaison de flacons de parfum, vides, mais qui gardaient encore un souvenir d'odeur. J'aimais la poupée à musique, belle dame en robe de satin blanc brodée de perles debout sur un socle recouvert de peluche rouge. Elle tenait un miroir dans une main, une houppette dans l'autre, et quand s'égrenaient les notes de *Carmen*, elle tournait la tête et se poudrait en cadence. Ma mère l'avait gagnée à une loterie quand elle était enfant.

Dans la penderie, à côté des piles de couvertures, on avait rangé un petit Jésus de cire confectionné par les religieuses du couvent de Draguignan à partir de la couronne de mariée de ma grand-mère ; robe blanche, franges dorées, cheveux blonds bouclés, air pensif, il était assis sous un dôme de fleurs d'oranger. L'ensemble était sous globe, à l'abri de la poussière et des ravages du temps.

Ma chambre était petite, garnie de rideaux de cretonne à fleurs dont l'odeur ressuscite quand je les évoque, quand je me rappelle mes arrivées de jadis, ma prise de possession de cette pièce minuscule : je posais sur la table un bloc de papier, un stylo. J'allais commencer un roman qui serait un chef-d'œuvre. Une fièvre de création s'emparait alors de moi. J'ai ainsi entrepris, dans la chambre aux rideaux de cretonne, maints ouvrages qui n'ont pu atteindre leur terme, qui se sont enlisés en cours de route, faute d'inspiration, ou de persévérance. J'ai mis bien longtemps à parvenir au terme d'une œuvre commencée, à comprendre que le travail de l'écrivain est affaire, aussi, de patience.

***

J'ai obtenu la première partie du baccalauréat quelques mois avant que ne fussent signés les accords de Munich. Je me rappelle la joie des gens qui m'entouraient : nous n'aurions pas la guerre, la vie pourrait continuer. On évoquait bien le président Beneš et l'invasion de la Tchécoslovaquie, mais mollement, en dissimulant une mauvaise conscience évidente derrière de bonnes raisons. Hitler – que dorénavant nous prenions au sérieux – enfin satisfait se contenterait de ce morceau d'Europe qu'on venait de lui jeter. Il l'assurait. Le monde serait enfin tranquille. Je suis entrée en classe de philosophie. J'ai pris plaisir à cette discipline nouvelle dans laquelle j'ai plutôt bien réussi, quoique mon professeur me reprochât de faire des devoirs trop littéraires. Je commençais à me poser des questions à propos des grands problèmes. Je lisais beaucoup.

L'examen se passa bien. Pour les épreuves écrites les candidats étaient assis sous l'immense verrière du parc Chanot, un des grands espaces verts de Marseille, sur des chaises de jardin alignées devant des tables improvisées. Il faisait chaud. Une grande agitation régnait. Je me rappelle que les

garçons portaient tous une bouteille d'encre atta-
chée à une ficelle qu'ils balançaient en marchant.
C'était, bien sûr, pour pouvoir remplir leur stylo en
cas de besoin. Ce détail me paraît bizarre aujour-
d'hui que nous avons atteint l'âge du crayon à bille.

Pour l'oral nous étions convoqués à la faculté des
lettres d'Aix. Pénétrer dans une faculté fut un évé-
nement pour moi : j'envisageais de continuer là
mes études, et j'étais émue en entrant dans la vieille
bâtisse tout imprégnée de savoir – du moins je le
pensais.

J'eus, comme d'habitude, de bonnes notes dans
les disciplines littéraires, de mauvaises en sciences,
si ce n'est en sciences naturelles : ne savais-je pas
beaucoup de choses, depuis mon temps en Indochine, sur les plantes et sur les bêtes ?

Je me retrouvai bachelière, fière de l'être, et au
bord d'une vie que j'imaginais riche en bonheurs
de toutes sortes. Nous partîmes pour Grimaud ;
c'étaient mes dernières vacances d'écolière ; à la
rentrée je serais étudiante. Le mot seul me comblait.

Mais avant cette rentrée si prometteuse, les
affaires du monde devinrent si dramatiques que
d'un coup notre vie bascula dans la tragédie : en
septembre la guerre fut déclarée.

J'essaie de me rappeler mon état d'esprit d'alors.
J'ai dit que mon enfance écoulée dans un milieu de
militaires, mes lectures de petite fille et les récits
maintes fois entendus m'avaient donné l'âme guer-
rière. Comment n'aurais-je pas été marquée par

l'affirmation de mon père tant de fois répétée : « Tu es la fille d'un soldat. » Pourtant, et comme on racontait des choses horribles à propos des nazis et du nazisme, et auxquelles maintenant nous étions forcés de croire, une certaine crainte finissait par m'envahir. Mais ce qui dominait tout, c'était une immense curiosité : qu'allait-il advenir ? Cette guerre ressemblerait-elle à l'autre, la grande, celle dont j'avais tant entendu parler ? Tout à coup je pénétrais dans un temps où se faisait l'Histoire, j'étais moi-même dans l'Histoire.

En attendant, j'entrai à la faculté d'Aix-en-Provence en novembre 1939. J'habitais toujours chez mes parents, à Marseille et je prenais le car chaque matin. Il partait des allées de Meilhan, près de la Canebière. Le trajet durait une heure. Je déjeunais sur place, dans un des petits restaurants qui avoisinent la faculté. Ma mère me donnait chaque jour de quoi payer mon voyage et mon repas. Je n'avais pas d'argent de poche. Ma famille achetait les livres dont j'avais besoin, et quand des camarades me conviaient à aller au cinéma il fallait qu'ils m'offrent ma place. Des camarades, je n'en manquais pas. Nous formions une petite bande joyeuse. Nous déjeunions ensemble et nous chantions dans le car du retour. Il nous arrivait de faire un détour par une espèce de parc d'attractions au lieu de rentrer chez nous tout de suite. Nous allions sur le Grand Huit, ou bien nous mangions des gaufres en nous racontant, suivant notre humeur, la guerre qui sommeillait au loin, ou la littérature. J'aurais voulu disposer d'une chambre à Aix, mais ma mère avait peu de confiance en ma vertu et ne me laissait pas m'éloigner. Même, elle guettait mon arrivée à la fenêtre quand je m'attardais trop. Mais, absente toute la journée, j'étais livrée à moi-même et il m'arriva souvent de manquer des cours pour aller me promener au bord de l'Arc. Je me sentais presque libre.

Je m'étais inscrite pour une licence d'histoire. Les lettres m'auraient mieux convenu, mais je n'avais jamais fait de grec, et la licence de lettres modernes n'existait pas. Il fallait cinq certificats pour obtenir une licence d'enseignement. J'ai aimé le premier, celui d'études littéraires. Les autres m'ont plutôt ennuyée ; au fond l'histoire ne me passionnait pas vraiment, ni la géographie, bien que je fusse amoureuse du professeur, passion qui dura jusqu'au jour où j'appris qu'il se prénommait Ernest. Mon amour n'y résista pas.

Mes camarades de lettres étaient plus gais que ceux avec qui je fréquentais les cours de géographie ou d'histoire. Ces derniers, érudits, passionnés, débordaient de sérieux. J'avais tenté de faire équipe avec deux d'entre eux : nous devions nous partager les lectures de gros livres innombrables avant d'en parler entre nous. Je fus rapidement éjectée du groupe : je ne lisais pas assez. Il est vrai que les romans m'intéressaient plus que les thèses ou les gros volumes sur les origines de la Réforme ou la question de l'Orient en 1840. En revanche, mes camarades de lettres me prêtaient Gide, Proust, Valéry... et des romans étrangers dont je n'avais jamais entendu parler, l'*Ulysse* de Joyce par exemple. Avec eux je me plaisais beaucoup. Ils voulaient tous plus ou moins devenir écrivains. Nous allions ensemble prendre le café dans un bar situé tout en bas du cours Mirabeau, le Sans pareil. On y passait des disques de Charles Trenet. « Le soleil a rendez-vous avec la lune », « Je chante », « Vous êtes jolie mon petit oiseau »... sont les chansons qui ont marqué cette première année de faculté; lorsque je les entends me revient l'atmosphère de ces mois-là, et même mon état d'esprit d'alors, quand je faisais claquer mes talons sur le trottoir du Cours en me disant que je partais à la conquête du monde.

Au Sans pareil, on nous distribuait des petits cartons; d'un côté on y avait imprimé une réclame pour un apéritif, de l'autre un slogan : souriez quand même. Nous n'avions pas besoin qu'on nous le dise; et la vie entière, malgré les incertitudes du temps, malgré la guerre, nous souriait. J'ai revu quelques-uns de ces camarades de ma première année d'université. L'un était journaliste, le deuxième professeur à Draguignan. L'un est mort, il s'appelait Max Bouchara. Il était juif. Il est mort à Buchenwald. C'était, je crois, le plus intelligent d'entre nous.

J'avais commencé à collectionner les communiqués de presse sur la guerre, puis je me suis lassée : il ne se passait rien. On annonçait toujours : calme sur l'ensemble du front. Ce qu'on a appelé « la drôle de guerre » semblait surtout consister en efforts pour distraire les soldats ; on parlait beaucoup du théâtre aux armées, de nos vedettes qui allaient chanter pour les hommes inoccupés.

Puis juin 40 est arrivé et la campagne de France, si désastreuse, si imprévisible pour ceux qui, comme nous, s'étaient endormis. Alors tout a changé, et nos maîtres ont commencé de s'émouvoir. J'ai passé mes examens dans une ambiance étrange, interrogée par des professeurs fous de honte et de colère : presque tous étaient d'anciens combattants de la guerre de 14. Ils ne comprenaient pas. Ils se souvenaient de la bataille de la Marne, et ils nous parlaient d'un repli sur la Loire. L'un d'entre eux déchirait les affiches qui vantaient les charmes de l'Allemagne. Après le discours désespéré de Paul Reynaud il allait répétant : Clemenceau n'aurait jamais parlé ainsi. Celui-là a été exécuté par les Partisans pendant l'occupation allemande : il était devenu chef de la Légion et collaborait avec l'ennemi.

Mes camarades et moi nous sommes quittés sans savoir ce qu'il adviendrait de nous, si nous nous reverrions jamais. L'Italie était entrée en guerre, démentant les assertions des bonnes gens selon qui « les deux sœurs latines » ne pouvaient s'entre-déchirer. Désormais nous étions proches du front des combats. Mon père a décidé que nous devions aller le rejoindre près de Bordeaux, à Saint-Médard-en-Jalles, où, ironie du sort, il faisait une période militaire dans un camp qui comprenait une poudrerie. Ma mère, ma sœur et moi, nous sommes donc parties pour le Sud-Ouest. Le train était plein de réfugiés du Nord qui fuyaient l'avance allemande, les rues de Bordeaux en étaient envahies. Nous avions un peu honte quand les habitants de la ville, nous confondant avec ces pauvres gens, venaient nous offrir leur réconfort. Dans la nuit qui a suivi notre arrivée à Saint-Médard, Bordeaux a été bombardé. Nous, qui nous étions logés tout près d'une poudrerie, nous étions inquiets, à juste titre. Je me rappelle cette nuit pathétique. Nous nous trouvions dans une sorte de baraquement, couchés sur des lits de fer de l'armée. Au moment du bombardement mon père nous a fait nous allonger dessous pour nous mettre à l'abri de nos matelas.

Je ne sais plus si c'est le lendemain, ou peu de jours après, que nous avons entendu, au mess des officiers, le discours du vieillard qui faisait don de sa personne à la France et qui annonçait l'armistice. Tous les vieux militaires qui se trouvaient là pleuraient.

Nous avons dû partir : Bordeaux et sa région devenaient zone occupée, nous avions vingt-quatre heures pour déguerpir. Le train qui nous ramenait à Marseille a mis trois jours pour faire le trajet.

C'est lors d'un arrêt dans une gare, à Langon, que j'ai vu pour la première fois un soldat allemand. Il était beau et blond, il marchait de long en large sur le quai désert. Je parle de lui dans *Miroirs d'Edmée*, et aussi dans mon petit livre sur François Mauriac, parce que la scène se passait à Langon, à deux pas de la maison des Cazenave où avaient vécu la Genitrix, son lamentable fils et sa bru sacrifiée qui de son lit entendait siffler les trains.

Après ce voyage fatigant et inutile nous nous sommes retrouvés chez nous, et la vie a repris son cours. Ce n'est que peu à peu que nous avons commencé à souffrir de la faim, du froid. Nous n'en étions encore qu'à l'humiliation et à la surprise d'une défaite si rapide qu'elle ressemblait plutôt à une débandade.

Je n'ai pas envie de raconter ces années d'occupation durant lesquelles mes seules souffrances ont été bien dérisoires : repas plus que maigres, absence de chauffage, élégance réduite ; notre couturière à la journée nous confectionnait des vestes et des manteaux avec des couvertures. Nous arrivions à nous régaler de fromages au plâtre et de pâtisseries à la sciure. Ma mère s'est épuisée à courir les banlieues, à la recherche de quelque nourriture qu'on lui vendait à prix d'or et très parcimonieusement. Pourtant, et comme on finit par s'habituer à tout, ou presque tout, nous n'étions pas trop malheureux. Je crois que pour la plupart des Français de cette époque, c'est-à-dire tous ceux qui n'avaient pas choisi la voie de l'héroïsme et de la Résistance, les petits soucis quotidiens ont voilé les vrais drames. Nous vivions une époque pleine de bruit et de fureur, aux quatre coins du monde il y avait du sang. Et nous échangions des recettes pour faire de la crème de marrons avec quelques haricots secs et une pincée de cacao en poudre. Certes, nous écoutions la radio anglaise, nous étions souvent atterrés, révoltés. Mais il nous fallait continuer d'exister, rien ne comptait autant que ce désir opiniâtre, presque animal, de survivre et d'aider à survivre ceux que nous aimions.

Pourtant, en 41, avec quelques camarades, j'ai participé à la rédaction d'un journal dont le but, non avoué, était de lutter contre l'antisémitisme. C'était mon ami Max Bouchara qui en avait eu l'idée; son oncle avait fourni les capitaux nécessaires. Notre journal s'appelait *L'Espoir*. Et notre slogan disait : « L'espoir fait vivre, faites vivre *L'Espoir*. »

L'entreprise était moins courageuse qu'il ne pourrait y paraître, nous étions en zone dite libre. Nous avions loué un local composé de deux petites pièces. Nous disposions d'un téléphone. Nous étions trois filles et trois garçons. Nous avions conscience de nous livrer à un jeu un peu dangereux ; mais c'était quand même en partie un jeu. Aucun de nous n'avait plus de vingt ans. Je me rappelle Max, les pieds sur la table, la voix traînante, parlant de « la base des quartiers », qu'il nous fallait conquérir. Marcel était chargé de faire le tour des kiosques pour placer notre journal, et ensuite récupérer les invendus. Ils étaient si nombreux que notre ami disait qu'il allait en tapisser sa chambre. Nous parlions littérature, mode, actualité, avec des phrases voilées, des mots à double sens. Chacun de nous signait de deux ou trois pseudonymes différents. Nous étions censurés abondamment, ce qui nous donnait à la fois de l'agacement et de la fierté.

Puis, à cause d'une phrase d'un article sur Péguy dans lequel l'auteur avait cité l'écrivain : « Le peuple juif est un peuple sauvé », le journal a été suspendu. Un temps nous avons eu peur qu'on engage contre nous des poursuites. Il ne s'est rien passé ; nous sommes retombés dans notre morne quotidien.

Je regrette de n'avoir pas gardé au moins un exemplaire de *L'Espoir*. Il me rappellerait mes amis d'alors et cette tentative avortée de lutter contre un envahisseur qui se faisait chaque jour plus opprimant.

Je pense que si on m'avait demandé de faire partie d'un réseau de Résistance j'aurais accepté. Je n'étais pas, comme l'Edmée des *Miroirs*, fascinée par la force de nos occupants, au contraire, je les haïssais. Mais nul ne m'a proposé quelque chose. Je devais me contenter de baisser la tête en croisant les soldats ennemis qui étaient nombreux à présent que la zone libre avait été envahie. Et je continuais de suivre des cours, mollement, et d'aller cueillir la violette au printemps sur les bords de l'Arc avec un compagnon qui n'était pas souvent le même.

J'ai l'air de dire que je n'étais pas bonne à grand-chose, et que je laissais seulement courir le temps. Il est vrai que mes études m'intéressaient peu à présent que j'en avais fini avec leur partie littéraire. Mais j'éprouvais quand même le désir de me rendre utile. Je me suis fait embaucher, je ne sais par quelle voie, dans ce qu'on appelait le Secours national et qui était une organisation dépendant du gouvernement de Vichy. Mes activités consistaient à me rendre dans une banlieue pauvre et à distribuer des vêtements aux gens qui en avaient besoin. Je me rappelle ces ballots de manteaux, de robes, de costumes entassés dans une sorte de hangar et les files de femmes et d'enfants qui faisaient la queue devant nos tables. Le petit chef de notre groupe était un homme assez répugnant qui ne se privait pas d'écrémer nos stocks, prenant pour lui et les siens ce qu'il trouvait de mieux dans ces rebuts, ni de rabrouer nos « clients » sous le prétexte qu'ils étaient déjà venus la semaine précédente, ou qu'ils étaient sales.

Plus tard, et par l'entremise d'une amie, je suis entrée aux Équipes sociales. Quand j'ai lu, des années après, *Mémoires d'une jeune fille rangée*, de Simone de Beauvoir, j'ai appris qu'elle aussi en son temps avait collaboré avec ce groupe à coloration chrétienne qui « allait vers le peuple ». J'ai donné des cours du soir dans une usine ; il me semblait juste de me pencher sur ceux qui, moins privilégiés que moi, n'avaient pas eu le temps ni les moyens de faire des études. Il n'y avait pas de programme imposé, et je crois que je parlais à mes élèves de ce qui m'intéressait moi, et non, peut-être, de ce qui leur aurait plu.

Ils étaient une centaine. Je leur faisais faire des dictées que je corrigeais scrupuleusement, des dissertations aussi. Je leur prêtais des livres ; j'essayais de les initier à la poésie. A mesure que venaient les beaux jours mon effectif s'amenuisa, mes élèves préféraient la plage à mes discours ; en juin, ils n'étaient plus que quatre ou cinq...

Je pense que je ne leur ai pas servi à grand-chose, c'est eux qui m'ont apporté la joie de me croire utile. Le samedi, toujours dans le cadre des Équipes sociales, j'allais faire jouer les enfants de Saint-Gabriel, un quartier particulièrement misérable de

Marseille. Le local qui m'était alloué était assez crasseux, les enfants n'étaient pas toujours propres ; certains avaient des poux. Cela ne me gênait pas. Je leur racontais des histoires et ils m'écoutaient, bouche bée. Ils m'aimaient beaucoup ; quand j'arrivais je les voyais qui m'attendaient, penchés aux fenêtres ; certains sautaient dans la rue directement sans prendre la peine de faire le détour par l'escalier. J'apprenais des faits étranges, par exemple que dans une famille il n'y avait qu'une paire de chaussures, que chacun mettait à tour de rôle.

Pourquoi ai-je cessé d'aller à Saint-Gabriel ? Je ne m'en souviens pas. Par lassitude peut-être, ou parce que les vacances étaient venues. C'est vrai que j'étais peu persévérante, et de même que je commençais toujours d'écrire des romans que je n'achevais pas, de même mes élans altruistes allaient s'effilochant.

A vingt-deux ans j'étais pourvue d'une licence. J'aurais dû préparer un diplôme d'études supérieures, penser à l'agrégation, puisque devant moi ne s'ouvrait qu'une carrière de professeur.

J'avais fait deux essais dans cette voie ; j'avais donné des cours dans un pensionnat religieux assez miteux et je n'en avais guère retiré de satisfaction. Un cours privé renommé m'avait tentée un moment et je m'étais présentée à la directrice ; c'était une femme austère, religieuse dans le civil.

Pour la séduire je m'étais habillée strictement, j'avais tiré mes cheveux en arrière. Apparemment je plus à cette personne puisqu'elle me proposa tout de suite de signer un contrat. Je lus le papier et j'y découvris que je devais porter une blouse noire à l'intérieur de l'établissement. Je ne sais pourquoi cela m'horrifia. Je prétendis que je ne possédais pas de blouse noire. Elle me demanda avec regret si je n'avais pas été en deuil récemment.

En ce temps de pénurie il était hors de question d'acheter un vêtement sans avoir les tickets correspondants ; la dame le déplora. Néanmoins elle était prête à m'admettre dans son établissement si je trouvais une tenue assez sévère. Mais mon envie d'enseigner au cours Chevreul s'était évanouie, je prétextai l'obligation de consulter mon père avant de prendre une décision, et je ne signai pas. Quand je revins pour donner ma réponse, négative, j'avais mis une robe à fleurs et lâché mes cheveux sur mes épaules. Je crois que la directrice, me voyant ainsi, ne regretta pas mon refus. Sauvée par un enfantillage d'une sujétion qui m'eût pesé sans doute, je me retrouvai sans emploi. Pourtant je désirais travailler. C'est alors que, grâce à quelqu'un qui connaissait quelqu'un qui connaissait une demoiselle employée au secrétariat à la Jeunesse, je devins secrétaire à mi-temps dans cet organisme vichyssois.

Je travaillais sous les ordres d'une demoiselle de la bonne société marseillaise ; tout le secrétariat à la

Jeunesse était d'ailleurs plein de ces personnes qui, élevées avec distinction, parlaient de manière ampoulée et d'une voix rendue étrange par les efforts qu'avait faits leur famille, quarante ans auparavant, pour les débarrasser de l'accent du Midi. Elles étaient par ailleurs assez aimables, et peut-être efficaces. Elles s'occupaient de gérer les Maisons de jeunes et les centres de pré-apprentissage. On me demanda de collaborer à la préparation des programmes de ces derniers. Je m'y appliquais, jusqu'au jour où une quelconque autorité s'avisa de ce que je m'occupais de choses que je ne connaissais pas, et m'expédia « au charbon » en me nommant professeur de culture générale au centre de la Mazarade.

Ainsi moi qui ne voulais pas enseigner je me retrouvai à la tête de soixante élèves de douze à dix-huit ans dans une bâtisse de la banlieue la plus laide, un ancien couvent qui servait à présent à éduquer les filles des ouvriers de l'usine Roca-Tassy-de Roux.

A mon grand étonnement je me plus beaucoup à la Mazarade. Mes élèves m'aimaient, et je le leur rendais bien. Je faisais tous les cours, du calcul au français, en passant par l'histoire naturelle.

Selon leurs capacités intellectuelles, les enfants étaient classées en quatre groupes, le premier se préparait au certificat d'études, le quatrième se composait d'attardées dont beaucoup ne savaient pas lire.

Ce milieu ne ressemblait à aucun de ceux que j'avais connus. Je partais le matin, avec un tram qui me déposait devant l'école. J'y passais la journée, prenant mes repas et jouant avec les filles lors des récréations. Comme le voulaient l'époque et la Révolution nationale on procédait chaque matin au lever des couleurs dans un des grands couloirs de cet ancien couvent. On chantait les Grâces à chaque repas. Je le supportais parce que mes filles qui ne manquaient pas d'ironie m'adressaient des clins d'œil complices. A table je les servais et je tâchais de leur apprendre les bonnes manières. Qu'on pût peler un fruit avec un couteau et une fourchette les amusait beaucoup. Elles suivaient mon enseignement avec plus ou moins de bonheur, elles allaient aussi visiter des usines où je les accompagnais. Mes collègues étaient aimables, et la directrice du centre, une femme à peine plus âgée que moi. Je me trouvais plongée dans un univers nouveau auquel je m'habituai parfaitement.

Je passais mes samedis et mes dimanches à préparer les cours de la semaine, à confectionner des bandes dessinées pour illustrer mes explications. Je connaissais chaque fille par son nom, je savais son histoire, parce qu'elles se racontaient beaucoup. L'une d'entre elles, âgée de treize ans, devait avant de venir au centre faire le ménage chez elle et s'occuper de ses petits frères. Elle chantait avec la voix de Piaf des rengaines réalistes. Pour ce faire elle montait au sommet d'un rocher artificiel dans une sorte de grotte qui avait dû vouloir représenter la grotte de Lourdes, mais dont on avait ôté la statue de la Vierge ; c'était Joséphine qui tenait sa place, et ses compagnes s'échelonnaient sur les marches en fausse rocaille.

J'ai passé là des mois « enrichissants », comme disait une des dames du secrétariat à la Jeunesse, avec une voix sucrée et une exaltation qui amenaient de petites bulles sur le coin de ses lèvres.

Les enfants étaient ouvertes, généreuses, gaies. Il existait entre elles et moi une complicité qui nous faisait prendre des fous rires ensemble, qui les amenait à briser les grèves qu'elles entreprenaient parfois – c'était pour la plupart des filles de syndicalistes – parce qu'elles se refusaient à me faire de la peine. De temps à autre elles me demandaient de leur lire des poèmes, et nous passions une récréation entière à nous régaler de cadence et de mots.

En somme je réussissais bien, si bien que les autorités décidèrent de m'envoyer faire un stage dans une maison de cadres, à Saint-Cloud.

Je partis pour Paris. Grande affaire à l'époque. L'école était située dans un parc. C'était l'hiver, la neige recouvrait les pelouses et s'accrochait aux branches des cèdres dont la propriété était pleine. Comme l'éducation de ce temps se devait d'être virile, nous étions tenues au « décrassage » chaque matin, au roulé-boulé sur l'herbe gelée. Les conférences portaient sur des sujets ayant trait à l'enseignement, à l'exemple ; et là aussi on saluait les couleurs tous les jours, sous l'œil d'une dame boulotte et rouge comme un coq, surnommée « petit chef ». Le soir nous faisions des fêtes. Je disais encore des poèmes, ceux d'Aragon que j'aimais particulièrement :

Le malheur m'a pris à la Flandre.
Et m'étreint jusqu'au Roussillon...

Était-ce subversif ? Nul ne me le reprochait.

Nous avons visité Paris. C'est là que j'ai pris froid en revenant de Notre-Dame, dans la rue du Chat-qui-pêche où soufflait un courant d'air glacé. Je suis revenue à Marseille avec une pleurésie.

Entre-temps, j'avais rencontré le garçon que je devais épouser plus tard. Démobilisé après la « drôle de guerre » et une période passée aux Chantiers de jeunesse, il achevait une licence de philosophie, qu'il comptait ajouter à sa licence de droit obtenue avant la mobilisation. C'était un camarade de ma sœur qui suivait les mêmes cours que lui. C'est d'ailleurs grâce à elle que je l'avais rencontré lors d'une soirée à l'Opéra. Il ne m'avait pas séduite au premier abord, mais nous nous étions découvert beaucoup d'idées et de goûts communs, il avait apprécié mes bandes dessinées que je lui avais montrées. Nous avions décidé de nous marier. Nos parents respectifs n'en savaient encore rien. Mon père s'était seulement étonné des fréquentes visites de « ce jeune homme » qui restait chez nous trop longtemps le soir, troublant l'horaire familial et nous forçant à dîner tard. C'est de Saint-Cloud que j'avertis mes parents de mes intentions. Lui dut en faire autant à peu près en même temps, à la grande inquiétude de sa mère qui jugeait bien rapide notre décision et craignait qu'une « gourgandine » n'eût « mis le grappin » sur son fils unique et bien-aimé.

Par la suite les choses s'arrangèrent, et quoique ma future belle-famille manifestât une réserve vis-à-vis de moi qu'elle trouvait trop délurée, je finis par être acceptée.

Nous voulions nous marier le plus tôt possible. En attendant j'étais malade. J'avais dû interrompre mes cours à la Mazarade ; ma mère me soignait du mieux possible et me nourrissait aussi bien qu'elle pouvait compte tenu de nos maigres approvisionnements. Je crois d'ailleurs que les carences alimentaires n'étaient pas étrangères à ma pleurésie, de même qu'elles furent à l'origine d'une grave décalcification pour ma sœur, et de l'amaigrissement considérable de ma mère.

Je finis par guérir. On célébra nos fiançailles. J'ai gardé une photo de ce jour, prise dans le salon de mes parents ; je pose devant une tapisserie chinoise où s'ébattent des cigognes brodées sur un panneau de satin. Tout autour s'épanouissent des bouquets et moi, assise en robe claire à col de dentelle, j'ai l'air parfaitement démodé : une jeune fille désuète et romantique qui fait sourire les enfants d'aujourd'hui.

Mon fiancé cherchait une situation : puisque nous voulions nous marier il nous fallait gagner notre vie. Il obtint, grâce à un ami, une place de « rédacteur temporaire » au ministère des Finances et s'en alla faire un stage à Paris. Nous nous écrivions chaque jour, des lettres un peu ampoulées, pleines de protestations d'amour et dépourvues de naturel.

Nous nous sommes mariés à la mairie de Marseille qui est ouverte sur le Vieux Port. Il faisait beaucoup de vent. Je portais un tailleur gris-vert coupé dans un costume de mon grand-père. Le lendemain j'ai revêtu ma robe de noces, en dentelle blanche « sans tickets », corsage ajusté, taille fine et jupe épanouie bordée d'un biais de satin. J'étais jolie, un peu maigre à cause de ma récente maladie. Toutes mes élèves de la Mazarade sont venues m'embrasser ; elles m'ont offert une planche à pain et un couteau que j'ai encore. Les festivités de la noce ont eu lieu à la maison. Rallonges à la table, beau service et coupes de cristal. On mangea un agneau rôti que j'étais moi-même allée chercher la veille chez un patron de café de Mazargues qui l'avait abattu clandestinement, et que j'avais ramené en tram sur mes genoux. J'étais heureuse, mon mari aussi je crois. Vers le soir, comme les invités festoyaient encore, nous sommes partis avec discrétion, pour nous conformer à l'usage établi.

Après diverses péripéties, dont quelques mois dans le maquis du Cher pour mon mari, un commencement de grossesse pour moi, nous nous sommes retrouvés à Paris dans une chambre qu'une vieille dame acariâtre louait à des étudiants. Étudiant, mon mari l'était encore puisqu'il préparait le concours d'entrée au ministère des Finances. Notre logeuse, une personne de la bonne société du XVIe arrondissement, déguisée en veuve avec voile de crêpe et bandeau blanc, assidue aux messes matinales, nous mesurait l'eau qu'elle nous apportait parcimonieusement dans un broc chaque matin. Nous n'avions pas l'usage de la salle de bains, ni celui de la cuisine. Nous ne devions pas utiliser un quelconque réchaud qui eût « graissé les vitres ». Pour notre petit déjeuner notre hôtesse nous apportait de la soupe, fort bonne, dans des assiettes plates. Nous avions froid, parce que l'appartement n'était pas chauffé. Le soir nous lisions dans notre lit sous les couvertures pour que la lumière de notre lampe ne fût pas discernable depuis le couloir où notre cerbère veillait : elle eût autrement fermé le compteur électrique.

Mon mari travaillait au ministère le jour, étudiait la nuit jusqu'à une heure avancée. Je passais mes journées à parcourir Paris, à rendre visite à l'un, à l'autre, à attendre dans des bureaux, en quête d'un appartement. C'était difficile, les espoirs s'éteignaient à peine nés. Nous connaissions peu de gens à Paris, mis à part mes deux oncles qui nous invitaient parfois, nous réconfortaient un peu. Mais notre vie était dure, parce que nous n'avions pas de logis, pas beaucoup d'argent, et que la grande ville inconnue semblait ne pas nous accepter ; il fallait faire la queue pour obtenir la moindre chose, nous n'étions inscrits nulle part pour les « distributions spéciales ». Et le soir le black-out rendait les rues sinistres.

Les parents de mon mari nous écrivaient de revenir à Marseille où nous aurions au moins un gîte. Je ne voulais pas en entendre parler. J'étais à Paris, la ville dont j'avais toute ma vie rêvé. J'y étais venue par hasard, mais à présent j'entendais y rester. De plus, je tenais farouchement à notre indépendance. Pourtant nous étions parfois découragés. Dans notre chambre de la rue de la Pompe je fus malade : je contractai la fièvre aphteuse, sans doute parce que beaucoup de nos repas se composaient de noix. J'avais beau me démener, je ne découvrais toujours pas le logis modeste dont nous rêvions. Je me rappelle que je regardais les fenêtres des maisons, j'apercevais une tenture, un rideau, une lampe, et il m'arrivait d'envier ceux qui habitaient là.

Des amis nous offrirent pour quinze jours un appartement superbe dont les fenêtres donnaient sur l'Arc de Triomphe ; on disait que la reine d'Égypte y descendait lors de ses séjours à Paris. Il y avait beaucoup de moquette, des lustres à pendeloques de cristal, des meubles marquetés remplis de vaisselle fine. Il y avait aussi des crottes de souris chaque matin dans la salle à manger, et les couloirs étaient si longs, si sombres que j'avais peur parfois. Les quinze jours passèrent vite. Nous sommes retournés chez notre veuve. Puis un de mes oncles obtint pour nous, par faveur insigne, une moitié d'appartement dans le quartier de Saint-Augustin. Nous emménageâmes sans tarder, magnifiquement heureux, et nous transportâmes nos quelques malles de la rue de la Pompe à la rue de Miromesnil sur une voiture à bras.

Notre moitié d'appartement était belle; elle se composait d'un grand salon et d'une chambre aux murs et aux plafonds moulurés. Il y avait des cheminées de marbre surmontées de glaces en trumeau, de grandes portes-fenêtres à petits carreaux biseautés. En plus de ces deux pièces nous disposions d'un vestibule et d'une ancienne salle de bains transformée en cuisine. Nous avions l'impression d'être arrivés dans un palais, un palais qui n'était pas chauffé et que nous avions meublé d'un lit-cage à une place et d'une table de bridge. Nous avions beau nous aimer, le lit nous paraissait petit pour deux, d'autant plus que mon ventre commençait à prendre des proportions importantes. Nous avions très froid, pour nous réchauffer nous buvions des bouillons de légumes dans des tasses d'un tête-à-tête, cadeau de mariage, qui constituait à peu de chose près tout notre stock de vaisselle. C'était dur, mais nous étions chez nous et nous nous trouvions heureux. De temps à autre mon futur beau-frère, élève à Polytechnique, nous apportait une valise de charbon qu'il avait dérobé à l'école, et nous faisions un feu dans la cheminée de marbre blanc. Cela ne durait pas. J'avais pris l'habitude de revêtir plusieurs manteaux l'un sur l'autre, et même des pantalons de mon mari. Je devais avoir l'air d'une clocharde. Je m'en rendais à peine compte, ayant provisoirement remisé ma coquetterie.

Nous allions au cinéma, au théâtre. Je me souviens d'avoir vu jouer *Le Soulier de satin* au Théâtre-Français, et d'en avoir été éblouie. A l'époque j'aimais Claudel. Jean-Louis Barrault jouait Rodrigue, et Madeleine Renaud était une ravissante Dona Musique. Au sortir du théâtre, nous nous retrouvions frileux, dans notre palais vide et nous nous pelotonnions dans notre lit-cage.

Je ne pouvais continuer à vivre ainsi, à cause de l'enfant qui allait naître. Nous avions décidé qu'il verrait le jour à Marseille, je devais partir. Pour obtenir une place dans le train et bien que j'eusse une carte de priorité, il nous fallut coucher devant la gare pour attendre l'heure de l'ouverture des guichets.

Je m'embarquai un soir, enveloppée dans mes vêtements superposés et je passai la nuit assise dans un compartiment de troisième classe, me calant comme je pouvais sur la banquette dure. Ma mère et ma belle-mère m'attendaient à la gare, elles me reconnurent à peine dans cette femme enceinte mal fagotée. Dans les jours qui suivirent elles s'employèrent à m'habiller, à me nourrir, si bien que je redevins presque élégante et que mon ventre s'épanouit.

Peut-être à cause de la vie fatigante que j'avais menée tout au long de ma grossesse, ou des privations que j'avais subies, ma fille naquit avec quelques semaines d'avance, et je me retrouvai, jeune mère étonnée, à la clinique des Acacias qui ressemble à la clinique des Rosiers de mon livre *Les Amies de cœur.*

Mon mari n'avait pu être là ; il vint en coup de vent pour assister au baptême de notre petite fille, et repartit très vite : la date du concours approchait, il travaillait d'arrache-pied dans notre appartement sans feu où, pour résister, il s'enfonçait dans un vieux sac de couchage en duvet, vestige de ses années de scoutisme.

Malheureusement, notre fille était née avec une malformation des vaisseaux sanguins dans une jambe, peu sensible durant ses plus jeunes années, mais qui alla s'aggravant. J'ai souvent pensé à écrire l'histoire d'une princesse qui, douée de toutes les vertus et de tous les charmes, eût été, par la perfidie de la Sorcière, accablée d'une disgrâce irrémédiable qui devait gâcher toute sa vie ; un affreux crapaud accroché à sa jambe et la dévorant jour après jour. Je n'ai finalement pas écrit ce conte ; il serait trop noir, il me ferait trop souffrir.

Mon mari ayant passé avec succès son concours, notre situation s'améliora. Je suis donc repartie pour Paris avec ma fille, et je me suis réinstallée dans notre appartement, meublé à présent tant bien que mal grâce à la générosité des uns et des autres, et à l'héritage d'un vieux chanoine, oncle de mon mari. Nous possédions un poêle à charbon, nous avions mis des rideaux aux fenêtres. La vie était encore difficile et notre bourse peu garnie, mais nous trouvions dorénavant notre existence très acceptable.

En dehors du temps que je consacrais aux travaux ménagers, je lisais beaucoup : Sartre, Beauvoir, mais aussi Miller, et tous les romanciers modernes. Je trouvais facilement des livres à la bibliothèque du ministère des Finances. Mon amour pour la lecture à laquelle je me livrais avec passion s'accompagnait de la renaissance de mon désir d'écrire, voilé un temps par les difficultés de chaque jour.

Nous allions souvent au cinéma, en particulier à la Cinémathèque qui était située à l'époque avenue de Messine, tout près de chez nous. Les films d'Eisenstein nous ont séduits, bien que nous les ayons vus dans des conditions assez mauvaises : la salle était trop petite pour le public nombreux, nous devions parfois nous coucher pour augmenter la distance qui nous séparait de l'écran. Nous allions au théâtre, où nous occupions toujours les places les moins chères, celles d'en haut, d'où la scène nous apparaissait minuscule. Mauriac, Sartre, Camus nous passionnaient. Nous avons vu Gérard Philipe dans *Caligula*, et *Les Justes* qui posaient un problème auquel nous étions sensibles : le temps du terrorisme antiallemand était encore bien proche de nous.

Nous nous promenions dans le quartier Latin, cet endroit prestigieux dont nous avions rêvé durant notre jeunesse provinciale. Nous fréquentions assez peu les caves de Saint-Germain-des-Prés, mais, les jours de richesse, nous nous offrions la Rose Rouge. J'aurais aimé chanter comme Juliette Gréco.

La guerre était finie. Nous nous en étions tirés sans dommages, si ce ne sont quelques privations bien anodines au regard des souffrances de tant de gens, si ce n'est aussi un grave traumatisme causé à mon mari lors d'un combat dans le maquis du Cher, et dont il ne devait jamais tout à fait se remettre. Nous avions participé à la joie folle de la Libération, nous avions été épouvantés par les bombardements d'Hiroshima et de Nagasaki. Nous avions des sympathies pour le MRP, puisque nous

nous disions chrétiens de gauche ; puis nous nous sommes affiliés au rassemblement fondé par Sartre, et dont j'ai retrouvé plus tard les échos dans *Les Mandarins* de Simone de Beauvoir. Plongés dans un milieu plus évolué que celui de notre jeunesse marseillaise, nous glissions vers la gauche, nous nous sentions à bien des égards proches du parti communiste, d'autant plus que les camps n'avaient pas été encore dénoncés, et que Staline demeurait celui qui avait commencé de défaire les armées nazies.

Je ne sais plus quand j'ai entrepris d'écrire le premier roman que je devais achever. Il était auto-biographique, comme il se doit ; il mettait en scène des étudiants pareils à ceux que nous avions été, mes camarades et moi, dans le cadre de la vieille faculté d'Aix avec son unique amphithéâtre et sa cour où un poisson rouge tournait sans fin dans un bassin rond. J'y relatais l'aventure de *L'Espoir*, et la mort de mon camarade Max Bouchara. Le livre s'appelait : *Printemps pour marionnettes*. C'était un joli titre. Je ne doutais pas d'avoir écrit un chef-d'œuvre, jusqu'au jour où l'éditeur auquel je l'avais envoyé me le retourna avec une lettre très encourageante, m'invitant à persévérer. Ce n'en était pas moins un refus. Je fus triste. Je décidai de ne plus écrire.

Je récidivai pourtant. Cette fois je racontai l'histoire d'une famille bien-pensante secouée par la mauvaise conduite d'une de ses filles : je m'étais inspirée des mésaventures advenues chez des parents éloignés, et les lieux évoqués étaient ceux mêmes où avaient vécu ces gens, une grosse maison assise dans un grand jardin touffu aux confins de Marseille : c'était là que j'avais passé presque tous les dimanches de mon adolescence. Le manuscrit n'eut pas plus de succès que le premier. Je m'en suis servie beaucoup plus tard pour écrire *Les Dimanches*. Relisant mon ancienne prose une fois *Les Dimanches* achevé, je me suis aperçue que j'avais beaucoup appris, et qu'en définitive Julliard avait bien fait de refuser ce qui n'était qu'une ébauche, me forçant ainsi à travailler. Car je crois sincèrement que c'est en écrivant qu'on apprend à écrire et que, pourvu qu'on ait le désir de la littérature ancré solidement au fond de soi, on finit par aboutir. C'est ce que je dis aux jeunes auteurs découragés qui me demandent conseil. Mes parents vinrent s'installer à Paris, où ma sœur et sa famille se trouvaient déjà, de sorte que la tribu était reconstituée. Nous avons quitté la rue de Miromesnil et la moitié d'appartement pour habiter rue du Hameau, où nous sommes encore.

Je ne travaillais pas au-dehors, mes essais littéraires n'aboutissaient toujours pas. Ma vie était devenue plus facile, grâce à l'augmentation de nos ressources, à une aide ménagère. Ma fille allait au lycée. J'avais du temps libre. J'ai donc décidé de l'employer en m'occupant des autres, et je me suis lancée dans l'entraide sociale par l'intermédiaire de ma nouvelle paroisse. J'ai fait partie d'un groupe de dames qui distribuaient chaque mardi des vêtements aux nécessiteux du quartier. Les vêtements nous étaient apportés par paquets, défroques de bourgeois de bonne volonté qui ne voulaient pas que fussent perdus les robes, manteaux, costumes, chaussures qui pouvaient encore servir. Nous les triions, nous les rangions dans de grands placards au fond d'un sous-sol de l'église. Et le mardi nous attendions nos clients. Ils étaient nombreux : familles d'immigrés, qui comptaient entre six et douze enfants, clochards... Un clown nous faisait des pirouettes pour nous remercier de lui avoir donné une robe de scène, un jeune Portugais ne trouvait jamais de chaussures assez pointues pour lui. Les enfants criaillaient, les clochards se déshabillaient pour les essayages, effarouchant quelque abbé aventuré dans notre sous-sol. Parfois un homme pris de vin nous menaçait et nous devions avoir recours au sacristain pour nous en débarrasser. J'avais déjà eu une expérience du même ordre au temps du Secours national. J'étais experte pour composer un trousseau destiné à une future mère, pour dénicher les sous-vêtements assez larges qui conviendraient à une grosse clocharde sur le point d'entrer à l'hôpital.

Nous ne nous contentions pas de recevoir nos fidèles du mardi ; nous allions les voir chez eux ; nous les aidions dans leurs démarches administratives ; j'ai souvent gardé des enfants le jeudi pendant que la mère travaillait.

Et puis, mes collègues et moi, nous nous recevions, nous prenions le thé chez l'une, chez l'autre, en invitant parfois le curé de la paroisse. Les dames étaient d'un certain âge, pour la plupart pleines de dignité. La pièce aux grands placards, une certaine table du Secours catholique, où nous allions parfois nous approvisionner, autour de laquelle des messieurs doctes triaient des fiches, des noms, des paroles entendues, ont peu à peu constitué dans mon imagination l'humus d'où sont sortis *Les Patapharis*. C'était un roman radicalement différent de ceux que j'avais essayé d'écrire jusqu'alors. Je crois qu'il est né à la fois grâce aux œuvres de la paroisse et au Nouveau Roman, cette tentative aux réalisations multiples et différentes pour écrire « autrement », parce que nous étions entrés dans ce que Nathalie Sarraute appelait « l'ère du soupçon ».

Mon livre terminé, dont je ne savais que penser, je l'ai envoyé par la poste, comme je faisais toujours, à deux maisons d'édition. Il y a un grand nombre d'éditeurs à Paris, aussi avais-je l'habitude de changer chaque fois. Je choisis pour *Les Patapharis* Gallimard et Calmann-Lévy dont je venais d'entendre prôner un roman à la radio.

Je ne reçus pas une lettre cette fois, mais un coup de téléphone d'Alain Bosquet, le directeur littéraire de Calmann-Lévy : il me dit que mon manuscrit avait trouvé des défenseurs au sein du comité de lecture et m'incita à venir le voir. J'entrai dans la vieille maison de la rue Auber, sombre et poétique, avec son odeur d'imprimerie et de papier neuf. Je portais, je m'en souviens, un tailleur noir garni d'un col de chat sauvage. Je m'efforçais à la dignité, mais j'étais très intimidée. J'ai signé mon premier contrat les yeux fermés, si heureuse d'être enfin éditée que j'aurais accepté n'importe quelle clause. Mon amitié avec Robert Calmann-Lévy, le patron de la maison, est née à ce moment-là, elle a duré jusqu'à sa mort. C'était un homme fin et cultivé qui avait vécu assez longtemps pour connaître bien des gens et acquérir une expérience riche, et qui cependant avait gardé l'âme jeune. Je ne me suis jamais ennuyée avec lui.

Quant à Gallimard, il semblait m'avoir oubliée. J'ai fini par recevoir de cet éditeur un refus poli. Mon livre se trouvait déjà en librairie.

Ainsi je n'ai pas eu la lettre d'acceptation que j'aurais aimé pouvoir joindre à la liasse de celles qui rejetaient mes œuvres. Je m'en suis consolée aisément. Et je me rappelle encore avec émotion le jour où j'ai vu « mon livre », l'objet qu'il était devenu, où j'ai passé mes doigts sur sa couverture crème et verte, où je l'ai soupesé, flairé. Enfin, après des années d'attente, j'entrais en Littérature. J'y suis restée.

Les Patapharis se sont vendus modestement, mais ont obtenu un certain succès auprès des critiques. De sorte que, ayant débuté tard dans la carrière littéraire, j'y ai eu très vite une petite place.

Depuis j'ai écrit à peu près un livre par an. Je n'ignore pas que certains me jugent prolifique. Mais d'une part je ne crois pas avoir jamais donné un mauvais roman, d'autre part j'estime qu'un écrivain se doit d'écrire puisque c'est sa fonction dans la société et dans la vie. Comme pendant long-temps l'arrivée des beaux jours et la naissance des premières feuilles m'ont plongée dans l'excitation légère qui précède les examens, le printemps est synonyme pour moi de l'agitation qui accompagne la naissance d'un livre. J'aime ce moment où, le travail achevé, je peux m'intéresser à l'objet-livre, à sa couverture, je peux m'interroger sur l'accueil qu'il recevra et lire les premières critiques, décou-vrir le sens que des lecteurs lui ont donné, qui n'est pas toujours celui que moi je lui donne. A la ques-tion traditionnelle : pourquoi écrivez-vous, je n'ai jamais su que répondre. J'écris parce que j'aime écrire, parce que c'est une nécessité pour moi. J'écris comme l'arbre donne ses feuilles : à l'époque du renouveau je donne les miennes, moi aussi.

Être un écrivain reconnu m'a sortie d'une situa-tion fausse et désagréable. Jusqu'alors j'avais tou-jours écrit, mais secrètement ; j'étais honteuse de travailler toujours en vain. Je n'ai jamais ressemblé au personnage de Molière

Qui des premiers venus saisissant les oreilles
En fait le plus souvent les martyrs de ses veilles...

Je ne montrais à personne le résultat des miennes, et je me cachais pour écrire, de peur que mon entourage ne se gausse des ambitions de la petite-bourgeoise que j'étais. J'éprouvais donc une impression de confort à pouvoir enfin composer des romans au grand jour.

Mon mari seul avait été dans le secret, et je dois dire qu'il m'avait encouragée sans défaillance et qu'il s'est conduit envers moi en mécène, en somme, puisqu'il a assuré ma subsistance durant toutes ces années d'échec.

Désormais je m'installais dans ma situation nouvelle. Ma famille se montrait fière de moi. Tout était pour le mieux. Bien entendu je devais concilier ma vie quotidienne avec ma vie professionnelle. Au début c'était assez facile, mais la réussite venant, j'ai eu de plus en plus d'obligations. Quand je feuillette mes vieux agendas, je les trouve très peu remplis. Au contraire, ceux d'à présent sont bourrés. Il me faut absolument équilibrer toutes ces activités avec celles du quotidien. J'y parviens, difficilement parfois. J'essaie d'être à la maison quand mon mari revient de son travail, de me montrer disponible pour lui et pour ma petite fille. Je ne m'occupe pas du ménage, mais je fais encore les courses et la cuisine. Souvent j'interromps un récit pour me précipiter vers mes fourneaux. Il m'arrive de quitter Paris pour quelques jours, alors je prépare des plats d'avance, je prodigue les recommandations ; ni mon mari ni ma petite fille ne s'entendent aux tâches ménagères.

Je dis parfois que je mène plusieurs existences en même temps. C'est bien ainsi, je me sens vivre davantage, et la tour d'ivoire ne m'a jamais tentée.

Pourtant, je pense que les écrivains hommes ont plus de facilité que leurs consœurs. Il m'est arrivé de rencontrer des épouses de romanciers, toutes livrées aux petits soins dont elles entourent leur grand homme ; non seulement elles le déchargent des activités triviales, mais encore elles filtrent ses communications téléphoniques, souvent elles dactylographient ses manuscrits. Et elles l'environnent d'une admiration dont le parfum monte à ses narines comme une odeur d'encens. Ses incartades, elles les pardonnent, ses manies, elles les considèrent avec une indulgence amusée. Quand il est malade elles le soignent avec dévouement, quand il vieillit elles le soutiennent, l'entourent, l'accompagnent partout et portent ses valises dans les aéroports. S'il meurt elles se donnent à son œuvre, fouillent les tiroirs à la recherche d'inédits, n'existent plus que pour perpétuer sa gloire. Elles ont été la femme de X, elles deviennent la veuve de X, et le restent jusqu'à leur propre mort.

Rien de tel lorsque c'est la femme qui est romancière. Il lui faut concilier ses tâches ménagères et son travail de plume, tout comme les ouvrières d'usine qui font deux journées de labeur au lieu d'une. Et lorsqu'elles rechignent et se révoltent ou veulent vivre leur vie, elles divorcent.

C'est en ce sens que les femmes sont défavorisées quand elles se piquent d'écrire. Autrement, et quoi qu'en disent certains, le fait d'être une femme ne les bride pas, ne les empêche pas d'être éditées et d'avoir des succès. Et si à l'émission d' « Apostrophe » par exemple on voit plus d'hommes que de femmes, c'est, assure Bernard Pivot, parce qu'il y a plus d'hommes que de femmes qui écrivent.

Pour achever le panorama de mon existence bien pleine, je dois encore dire que je fais partie depuis deux ans du jury du prix Femina, ce qui m'astreint à lire une centaine de livres par an. J'aime beaucoup les réunions des dames du Femina. Elles se tiennent dans des salons ouvrant sur des jardins, devant des goûters de petites filles modèles : thé, tartes et jus de fruits. Mes collègues sont charmantes, fantaisistes souvent dans leur façon de se vêtir, fines et cultivées. Sous leur apparence douce elles cachent une certaine volonté de puissance, elles font preuve de subtilité dans leurs manœuvres, et s'affrontent souvent, mais tout se passe toujours sur un ton de bonne compagnie : nous sommes toutes raisonnables et bien élevées.

J'ai aussi une vie que j'appellerai engagée, faute

d'un mot plus séduisant : je fais partie de la section des écrivains socialistes, et je milite à l'intérieur d'un mouvement pour la paix qu'on désigne sous le nom d' « Appel des 100 », parce qu'il a été lancé voici deux ans par une centaine de personnalités de tendances diverses, de professions variées ; il y a parmi nous, par exemple, deux généraux, un coureur automobile, des comédiens, des chanteurs, des peintres, des poètes, des syndicalistes... Menant des vies différentes, attachés à des courants de pensée qui ne sont pas les mêmes, nous nous retrouvons pour considérer que la paix est un bien suprême qu'il faut sauvegarder à tout prix. Nos démonstrations sont impressionnantes par la foule qu'elles attirent : marches dans Paris, fêtes de la Paix, réunions publiques...

Nous espérons nous faire entendre par les gouvernants qui tiennent en main l'avenir de notre monde et qui ne sont pas insensibles à l'opinion publique. Nous sommes allés à New York, à Moscou, à Genève, nous irons à Washington bientôt. Je crois à cette cause et lui donne autant de temps et d'énergie que je le peux.

Ces engagements ne colorent pas mes livres ; du moins je ne le pense pas. Dans la plupart d'entre eux l'action se déroule dans une période indéterminée, les analyses sont psychologiques et non politiques. Peut-être pourrait-on y trouver une peinture assez cruelle de la petite bourgeoisie, que je connais bien. Il y a dans *Miroirs d'Edmée* un jugement sur les petits-bourgeois avant la dernière guerre mondiale, ces gens qui riaient en voyant Hitler faire le pantin sur les écrans de cinéma, qui admiraient Mussolini et refusaient de croire à l'arrestation des Juifs en Allemagne. Ils avaient condamné les républicains espagnols, ne voulant voir en eux que des profanateurs de religieuses. Dans *La Terrasse des Bernardini*, c'est la bourgeoisie villageoise qui est décrite, celle qui cache sous des dehors bien-pensants ses passions et ses vices, et dissimule les cadavres dans les placards. Je pourrais continuer en citant beaucoup de mes livres, tous peut-être. Pourtant je peux assurer que je n'écris pas pour dénoncer, mais pour faire vivre, ou revivre, un monde que je porte avec ses qualités et ses vertus, ses grandeurs et ses ridicules. Je ne suis pas un écrivain engagé. Je raconte des histoires.

Certains voient une contradiction entre mon progressisme dans la vie publique et le goût que je manifeste pour les vieilles gens et les vieilles choses dans mes livres. Je crois que les personnages et les décors d'autrefois font partie de mon patrimoine. Les romanciers ne sont-ils pas les gardiens de la mémoire ? Le passé en s'éloignant devient poésie, il est la richesse que je garde, l'humus qui a nourri mes racines et qui continue jour après jour de m'alimenter. Pourquoi me priverais-je d'évoquer la terrasse des Bernardini, ou le baguier d'albâtre de ma mère, ou le pré foisonnant de narcisses, ou le cours Mirabeau et ses fontaines, puisque je les ai aimés ?

En 1972, pour *Méchamment les oiseaux* j'ai reçu le prix Cazes. C'est un prix très parisien puisqu'il est doté par le propriétaire de la brasserie Lipp. Il n'a pas contribué à me faire vendre beaucoup de livres, mais il m'a procuré le plaisir de nouvelles connaissances dans le monde littéraire.

L'année suivante le jury du Renaudot a couronné *La Terrasse des Bernardini*, à mon immense joie. Ce prix fut un tournant dans ma carrière. Jusqu'alors et comme mon éditeur Calmann-Lévy n'est pas l'un de ceux qui se partagent les récompenses d'automne à quelques exceptions près, je n'envisageais pas d'obtenir un jour un prix important. Je m'en accommodais, sûre qu'on pouvait construire une œuvre valable et reconnue sans ce coup de projecteur. J'avais raison, en partie seulement : le prix Renaudot m'a beaucoup aidée, non seulement à faire augmenter mes tirages, mais à me promouvoir dans la société. Mes confrères m'ont alors considérée autrement, je suis devenue écrivain à part entière, du jour au lendemain. J'ai passé une année un peu folle, à participer à des galas, voyager en province, rencontrer des personnalités intéressantes. J'ai été membre du jury au festival de télévision de Monte-Carlo, j'ai présidé un concours d'élégance... Et malgré tout ce que je m'étais dit d'abord : que l'obtention d'un prix ne me changerait pas, que je serais toujours la même, sans plus ni moins de talent, je me suis sentie plus sûre de moi.

Je regarde avec plaisir le chemin parcouru. Je me dis que si j'ai cru perdre bien des années, en réalité je les ai passées à apprendre mon métier d'écrivain. Mes essais infructueux m'ont enseigné l'écriture, et que le travail, la détermination, l'entêtement même sont nécessaires à qui veut cheminer dans la voie difficile des lettres. J'essaie de le faire entendre aux romanciers novices et impatients qui viennent me voir.

Ma petite fille est née peu après la sortie des *Patapharis*. Cela a été pour moi une grande joie.

Mon deuxième roman s'intitule : *Les Demoiselles sous les ébéniers*. C'est encore grâce à mes activités d'entraide sociale que je l'ai écrit, puisqu'il relate les aventures presque réelles d'une demoiselle un peu mythomane que le curé de la paroisse m'avait confiée et qui des années durant m'a raconté sa vie, vraie ou imaginaire.

J'ai placé mes personnages dans un décor emprunté à un poème de Francis Jammes, « Le vieux village ».

Le vieux village était rempli de roses
Et je marchais dans la grande chaleur
Et puis après dans la grande froideur
Des vieux chemins où les choses s'endorment...

Ainsi ce roman, comme la plupart de ceux que j'ai écrits, part d'une réalité, d'événements vécus par moi ou par d'autres, et se complique ensuite au cours de la rédaction, se perd et se retrouve à travers les méandres de l'imagination. Les mots appellent les mots, la construction se fait d'elle-même. C'est pourquoi sans doute j'ai plaisir à écrire : je me raconte une histoire dont je sais, en commençant, à peine le début et qui va vers une fin que je ne connais pas.

Je suis parvenue à un âge qui n'est plus celui de la jeunesse, s'il n'est pas encore celui de la vieillesse.

Je crois en Dieu, quoique j'aie perdu la foi du charbonnier qui m'a habitée longtemps. J'ai foi dans mes activités sociales et politiques. Le temps des grandes passions est loin de moi, mais je crois en cet amour qui est le résultat d'une longue volonté et se construit pierre à pierre une vie durant. L'amitié m'est précieuse, indispensable.

Je pense que ma personnalité s'est enrichie grâce à mon travail, à mes contacts avec le monde dans sa variété. Je me sens presque sereine, bien que les difficultés ne me manquent pas. Et si je suis parfois triste ou angoissée, j'ai toujours pour me réconforter l'idée du roman à venir, celui sur lequel je peine, celui qui me permet de me croire un peu Dieu. Mauriac écrivait que le romancier est « le singe de Dieu ». Je veux bien être ce singe. Je trouve que c'est déjà beaucoup. Parfois j'évoque la mort, et ce Jardin des oliviers dans lequel il me faudra entrer seule, un jour, inéluctablement. Je n'en ai pas peur : c'est si loin, et il me reste tant de choses à faire.

RÉFLEXION : LE MOI

Le « moi », dit-on, est haïssable. C'est bien mon avis. On n'a qu'à le prononcer pour en être assuré : « m », une moue offerte, molle, fait avancer la mâchoire inférieure, plisse les lèvres en sphincter ; puis la bouche s'ouvre en rond, laisse échapper le « oi », large, tiède, mou...

Le « moi » est haïssable, donc ; mais le « je » ?

Le « je » est étroit ; grêle, il jaillit en sifflant, mais il s'arrête court ; à peine a-t-il commencé de se montrer qu'il retombe, timide, effaré, et se cache et se perd dans son « e » muet, comme **honteux** d'avoir osé parler.

Le « je » est modeste. Si on commence une phrase par « je », ce peut être une assertion retenue, un doute, une hésitation ; et les orateurs qui bafouillent le font suivre de points de suspension : je... Au contraire, amorcer son discours par « moi », c'est affirmer d'emblée qu'on habite bien son propos, qu'on veut poser, assener. D'ailleurs, pour soutenir un « je » défaillant, ou pour montrer que le « je » en question n'est pas un « je » dilué, insipide, inoffensif, on prononce : « moi, je ».

Quoi qu'il en soit, et que le « je » soit moins détestable que le « moi », et que le « moi » et le « je » n'impliquent pas une assurance absolue, dire « moi », dire « je », c'est se placer sur le devant de la scène.

Or, si mon « moi » et si mon « je » m'importent, puisqu'ils sont moi-même, je doute qu'ils intéressent autrui.

Naturellement, puisque mon métier est d'écrire, et que je me plais à raconter des histoires nées de moi, et donc m'exprimant, j'ai l'habitude de m'exposer. Mais je le fais en prenant soin d'interposer entre ma personne et les lecteurs de mes livres ces paravents, ces faux-semblants, ces masques que sont mes personnages.

Faut-il aujourd'hui que je me présente nue, à découvert sur le théâtre ? Je suis timide, même en pensée ; sans mes oripeaux, de quoi aurais-je l'air ? Je ne saurais pas jouer, je ne saurais plus écrire. Pis, j'ai peur de m'ennuyer en ma seule compagnie. Je suis une personne semblable aux autres ; ce que j'ai de plus, peut-être, que certains, c'est justement que je sais inventer des rêves ; et il me faudrait m'en priver, risquer de découvrir ainsi, devant chacun, et devant moi, ma médiocrité, ma banalité ?

Pourtant, me voici en train de commencer ce livre. On me l'a demandé. Pourquoi ne pas l'avouer ? cela m'a fait plaisir. Et puis ce qu'on pourrait appeler la tentation de Narcisse, et qui habite en chacun de nous, m'incite à me pencher sur moi-même, non pour admirer, mais pour savoir. Savoir, essayer de savoir ce que je suis, ce que je pense, réunir des idées éparses, fragments, éclats qui, réunis, formeront peut-être un ensemble cohérent, acceptable, intéressant même. Je vais me prendre au jeu du « je », je vais m'enfoncer dans le labyrinthe du « moi ». Je commence ma danse devant le miroir.

Les photos qui me représentent, et dont certaines sont techniquement belles, me fascinent et me rebutent à la fois. Elles montrent ce que les autres voient de moi, ce que je leur offre au premier abord, la façade : maison fermée dont on ne peut juger de la disposition intérieure qu'en imaginant, derrière les murs de pierre, les couloirs, les salles sombres ou claires, les chambres secrètes.

Longtemps, j'ai été gênée d'apparaître chaque jour avec le même visage : il me semblait que mes amis, mes relations, à la longue, dussent être fatigués de cette monotonie ; j'avais presque honte de présenter indéfiniment le même nez, la même bouche, les mêmes yeux ; je m'inventais des coiffures variées qui, à mon idée, corrigeaient l'immuabilité de mes traits ; j'eusse voulu, si mes parents l'avaient permis, teindre ma chevelure et passer du noir au blond pâle ou au roux selon les semaines. Puis, je me suis habituée à ma tête : elle en valait une autre ; et je devenais adulte sans doute, je m'acceptais.

Je continue de m'accepter. Mais toutes ces façades de moi-même que je découvre, sur papier glacé ou grenu, noir et blanc, ou chamois, ou polychrome, elles me concernent peu, parce qu'elles ne bougent pas.

Le papillon cloué sur un bouchon, l'épingle transperçant son thorax, a-t-il rien de commun avec l'insecte aux ailes battantes qui remue ses antennes minuscules et frémit de toutes ses pattes menues ? La méduse pêchée et rejetée sur le sable, triste gélatine dépourvue d'éclat, n'est pas la fleur irisée qui se balançait dans les courants, translucide opaline frangée de pendeloques nacrées. Les photos sont figées, elles retiennent un instant, le fixent, l'éternisent – comme les disques rayés où l'aiguille accroche et qui reprennent le même lambeau de phrase, bêtement, indéfiniment – alors que ce qui me caractérise, je crois, c'est ma façon de remuer, ce sont mes gestes. Je suis mouvement. Immobile, je ne suis plus.

C'est pourquoi je me sens détachée de la dame d'âge moyen, ni belle ni laide, aux cheveux noirs, au nez pointu. Quand l'image sourit on peut voir que j'ai de belles dents ; quand elle prend l'air grave, j'ai des rides, tristes parenthèses, autour d'une bouche étroite. Suivant la lumière, j'ai les yeux sombres ou clairs ; selon les jours où la photo a été prise mes mèches sont plus ou moins mal ordonnées. Cela a été un moment enfui de moi ; ce n'est plus moi. De plus il ne m'importe guère que la dame apparaisse sous tel ou tel aspect dans un magazine.

Mon secret, celui que je garde comme la conscience d'une mystification savoureuse, c'est l'image de mon visage du dedans. C'est le vrai ; je le sens qui se moque derrière la façade ; c'est mon complice : le visage d'une petite fille naïve et moqueuse qui n'est pas dupe, qui ne croit pas au temps.

Au cours de mes âges, j'ai été bien des personnes différentes : bébé impérieux et nu sur un coussin, enfant, fillette longue aux pieds trop grands, jeune fille infiniment préoccupée d'elle-même, jeune femme, jeune mère, puis moins jeune femme, puis... Ces êtres ont vécu, sont morts ; celle qui est restée, c'est l'enfant innocente et rouée, avide d'affection, assoiffée d'amour, qui se défiait cependant des adultes et restait sur ses gardes ; elle ouvrait un œil critique sur elle-même et sur les autres, elle mesurait sa séduction, elle savait – déjà – cacher ses peines sous un visage lisse et dur comme un galet (« cette petite n'a pas de cœur ») ; quitte à fondre de désespoir ou de remords, mais seulement dans le secret de la chambre fermée, ou auprès de quelques élus passionnément aimés : sa grand-mère, et, surtout, sa mère.

Je suis restée l'enfant des jardins d'autrefois, la petite fille acide et douce qui aimait les caresses et les compliments, chatte gourmande de toutes les douceurs, mais qui ne rentrait jamais tout à fait ses griffes. De l'enfant des jardins perdus j'ai encore le besoin de me sentir aimée, en même temps que la pudeur qui fait que, quand on ne m'aime pas, j'ai l'air d'en rire.

J'ai aussi la curiosité patiente qui m'a fait, à six ans, passer un après-midi entier assise à côté d'une rose, dans l'espoir insensé de la voir bouger, s'ouvrir (et à la fin de la journée la rose était ouverte et je n'avais rien vu), ou, plus cruellement, bouleverser les fourmilières pour observer l'affolement des fourmis transportant leurs œufs, en me disant que j'étais Dieu, ou bien scalper les poupées de porcelaine afin de surprendre le mécanisme de leurs yeux dormeurs.

Je suis restée celle qui sortait en plein soleil, quand les grandes personnes faisaient la sieste, bravant les interdictions pour l'unique – et grand – plaisir d'errer seule au bord de la mare, de pêcher des œufs de grenouilles, plumetis gélatineux jeté à la surface d'une eau dormante, faire des colliers de fleurs, apprivoiser des escargots, et surtout, et tout le temps, à mi-voix, me raconter des histoires inventées.

J'ai pu vieillir, changer, mûrir peut-être, me durcir à cause du malheur, m'amollir en face du malheur des autres, m'assagir, parce qu'il le faut bien, apprendre à dominer mes passions ou mes enthousiasmes ; il n'empêche ! en moi demeure, immuable, le petit personnage central, originel, de qui tout est parti et vers qui tout converge. Il est le noyau, ou la pierre angulaire, le foyer, la lumière qui veille, la chandelle dont la clarté douce ne s'éteint pas.

Suis-je une vieille petite fille ? Ou bien ai-je seulement gardé conscience de ce que les autres souvent oublient ? Chacun porte en soi l'enfant qu'il a été, mais peu le savent. Moi, je le sais. Et les sédiments des années ont réalisé autour et à partir de cette graine quelque chose qui ressemble à la rose des sables.

La naïveté demeure, mais elle s'est changée en aptitude à comprendre l'autre, à s'émerveiller, se désoler, espérer contre toute raison que tout peut s'arranger, que le bonheur est possible, peut-être. Mais la méfiance est juste là derrière ; elle double, elle contredit la naïveté. De sorte que je peux en même temps me livrer, m'ouvrir, faire confiance, croire, et pourtant délimiter une espèce de périmètre fermé par une barrière au-delà de laquelle l'autre ne passera pas, douter de la sincérité de ses propos, écouter, même, le discours silencieux que je le soupçonne de tenir en contrepoint et qui contredit ses paroles ; et savoir que rien ne dure, que le bonheur finira, que ce qui s'arrange aujourd'hui se défera demain. J'ai la naïveté plus apparente que réelle, limitée, bordée de défiance, défendue par des griffes qu'aiguise, peut-être, la peur de souffrir.

On prétend parfois que je suis méchante ; on dit aussi que je suis bonne ; aucune de ces propositions n'est vraie, ou les deux le sont. Là encore, je ne

crois pas me montrer originale : qui ne porte en soi
à la fois le bien et le mal, l'ange et la bête ?

J'aime à me montrer secourable, compatissante,
j'aime aider, relever, soigner, guérir. Un petit côté
« bonne sœur » me pousse vers ce qu'on peut appeler « les bonnes œuvres ». Et je suis généreuse, je
donne facilement, avec joie.

Est-ce bonté, ou plaisir de se pencher – donc de
dominer – et de s'apitoyer sur moins heureux que
moi ? Je ne suis pas bonne puisque je rends service
plus aisément aux misérables qu'aux triomphants.
Et puis, même dans mes élans les plus sincères, je
sais que je me réserve ; je me prête, je ne me donne
pas.

Ma méchanceté, ma langue acérée, mon « esprit
pointu » s'exercent avec facilité. Je pique, je blesse
aisément. Cette désinvolture dans la cruauté est
paravent, défense contre l'attendrissement, préser-
vation, palissade dressée autour de ce qui, en moi,
est vulnérable. Se défendre en attaquant, c'est une
tactique connue. C'est celle des craintifs qui ont
peur de n'être pas aimés. Si ma bonté est fausse,
ma méchanceté l'est aussi. Bonne, je ressemble au
poulpe qui enlace pour dévorer ; méchante, je suis
comme l'oursin qui darde ses piquants pour préser-
ver son centre mou.

Il m'arrive, pourtant, de baisser mes défenses
devant ceux que j'aime ; ils sont peu nombreux :
amis rares, famille étroite ; pour ceux-là je ne me
lasserais pas de descendre au fond des enfers. Mais

le reste du monde... Le reste du monde, je le sens hostile comme l'était jadis la horde des grandes personnes liguées contre l'enfant, fortes de leur puissance et de leurs droits illimités.

Naïve et rouée, aimante et perfide, je suis aussi, je pense, intelligente et sotte.

Aigu, mon esprit saisit rapidement les rapports entre les idées ; il est capable de raisonner subtilement ; je crois posséder le sens de la logique, la faculté d'aller à l'essentiel. J'aime les exercices gratuits de l'intelligence, les acrobaties et les méandres d'un discours bien fait, d'une démonstration élégante.

Mais je me lasse vite. Mon intelligence est plus brillante que profonde, plus rapide que persévérante. Paresseuse, j'abandonne l'abstraction pure pour me laisser aller au fil du rêve. Les mots me sollicitent, et leur forme et leur son me détournent assez souvent de leur sens pour m'entraîner vers des aperçus de rapports baroques, d'images inattendues, fantaisistes, devant lesquelles je jubile.

Je me rappelle, par exemple, avoir tenté de suivre un jour une causerie de philosophie générale dans laquelle il était question de « l'être de l'étant ». Distraite, j'ai bientôt transformé cet « être » et « étant » théoriques en « l'être de l'étang », et je me suis retrouvée rêvant de la Dame du Lac.

Ce sont là d'involontaires jeux de mots qui témoignent du mal que j'ai à contenir une imagination baroque. Tombant au fond de ma conscience, les mots y provoquent des remous, des ondes, que je regarde comme jadis les ronds de l'eau troublée par un caillou.

C'est vrai, j'aime les mots : les choisir, les ciseler, les polir, les enchâsser comme des pierres fines. J'aime aussi la belle et subtile ordonnance d'une phrase bien faite, véritable collier de mots, et je me plais dans les agencements compliqués des propositions grammaticales ; j'aime réduire, dominer, domestiquer les règles de la syntaxe, me soumettant à elles en même temps que je les utilise.

Les rêves d'une part, ou plutôt les rêveries qui montent du fin fond de mes souvenirs ou de mon inconscient, d'autre part la manière de les traduire en un langage que je ne trouve jamais assez épuré, assez parfait, ce sont deux passions.

J'aime raconter ; j'étais écrivain avant que d'écrire, je le serais même si je n'écrivais plus. Et, c'est une chose extrêmement difficile à expliquer : je suis une femme, comme les autres.

RÉFLEXION : LE VISAGE

Le mot « visage » est beau, il est ferme et doux. Il fuse comme « vase », comme « vent » ; il vibre, il vit. Je prononce : visage ; je vois le V, menton aigu, le I, regard perçant. Ensuite, la fin s'effiloche, boucle et se prolonge un peu, comme une chevelure.

Visage, du latin *visus* : apparence, aspect ; vue.

Le visage, c'est ce qu'on voit d'abord des gens, et ce qui compte : ne dit-on pas que « le visage est le miroir de l'âme » ? Ne dit-on pas que « le regard est la lampe des rêves » ?

Il existe bien des synonymes du mot visage ; mais aucun d'eux n'a son charme, sa force, son humanité. Pour désigner cette « partie antérieure de la tête », on peut user de bien des substantifs ; il y en a de nobles, de risibles, d'effrayants, de grotesques. Ils disent ce qu'ils veulent dire. Visage aussi dit ce qu'il veut dire, la preuve en est qu'on ne l'emploie pas à la place d'un autre.

Si le visage est terrible, et d'une grandeur qui

effraie, soit par sa majesté, soit par sa laideur, il devient une face : une face patibulaire, ou la face du destin. On dit la face de Dieu, mais on dit le visage du Christ.

Si le visage est laid, il devient une trogne, une gueule, voire une hure ; s'il est scientifiquement observé, on l'appelle faciès, ou masque. S'il est trop mignard, il devient minois, ou frimousse. Et par dérision, ou pour peu qu'on pratique la langue verte, on le nomme bobine, trombine, ou même bouille. Mais quand on dit : visage, on désigne sans équivoque la partie de l'être sur laquelle, et par laquelle, se manifestent à la fois l'intelligence et la beauté.

Le visage, c'est l'individu lui-même ; c'est sur les traits d'un visage qu'on observe le reflet de la pensée, des sentiments. Un beau mollet, un beau sein, un beau ventre, cela existe : c'est un objet qu'on aime à voir, à toucher, ce n'est qu'une chose. Tandis qu'un visage s'éclaire ou s'assombrit, s'ouvre ou se ferme. On possède un corps, on ne peut posséder un visage : la partie d'un être qui n'appartient qu'à lui, c'est son visage. Et même les poupées de mode, les cover-girls sophistiquées gardent derrière leurs faux cils et leur cosmétique le regard, l'expression, qui les différencient l'une de l'autre. Si nos amis n'avaient pas de visage, les reconnaîtrions-nous ? Si l'homme ou la femme aimés n'étaient rien que des corps, combien nous serions tentés de les échanger vite contre d'autres corps plus jeunes et plus agiles.

Réflexion : le visage

Visage, mon visage, compagnon de toujours, vieux complice, je te retrouve au détour d'un miroir ; je m'étonne parfois : tu as changé, visage. Au-dedans de moi, je garde le souvenir de ce que tu fus, il y a des dizaines d'années. Mon visage intérieur est resté celui de la petite fille aux noirs cheveux raides, aux yeux obliques, étroits, au menton fin. Je bute contre une glace, et je vois mon visage d'à présent ; de chat, je suis devenue chien : les paupières sont moins étirées, le menton est plus mou ; la chevelure est toujours drue et sombre, mais ces rides autour de la bouche ont quelque chose de bonasse, oui, de canin. Il faut se résigner, visage, il faut admettre, accepter l'usure, l'érosion, l'adoucissement des reliefs, et des lumières. La lampe de mes rêves s'est voilée, comme une lampe de chevet. L'éclat de mon teint s'est terni. Ma peau est moins sous-tendue, et moins lisse.

Que m'importe, visage, je t'aime comme tu es. Je te reconnais, mon ami, la première surprise éteinte : chacune de tes égratignures, chacune de tes faiblesses, exprime que tu as, que nous avons vécu. Et j'accepte de vivre encore, derrière toi, à travers toi, d'autres années, de te voir te plisser, peut-être, t'affaisser, pourvu que, fidèle, tu réfléchisses ma pensée, mes espoirs, mes songes, mon amour.

Je ne te laisserais pas « prendre », visage, par n'importe qui ; j'accepte de te prêter, de laisser emprisonner et projeter sur une feuille blanche un de tes moments, parce que celui qui prend, et qui éternise un instant fugitif, est ami des visages. Dans trois ans, dans dix ans, je regarderai cette image, je dirai, peut-être, « j'étais » belle, ou laide, ou « j'avais l'air » sot ou intelligent. Je dirai « je »,

TABLE